APRENDA CREOL HAITIANO CONVERSACIÓN

© Dr. Yeral E. Ogando, 2020
Publisher: Christian Translation LLC
www.christian-translation.com
Impreso en USA

ISBN 13: 978-1-946249-48-7 (Paperback)
ASIN

I0080077

1. Aprendizaje de Idiomas 2. Idioma Creole Haitiano

RECONOCIMIENTOS

Estoy muy agradecido a Dios por darme la oportunidad de escribir este libro: **Aprenda Creol Haitiano Conversación** - Volumen 2; el cual está dedicado a Dios ante todo.

A mis amados hijos, Yeiris, Tiffany, Bennet e Ethan Ogando. Sin su entendimiento y paciencia, no me hubiera sido posible terminar este libro.

También a mis queridos padres y abuelos, Rey Luis y Seferina Ogando.

Del mismo modo, también quiero dedicar este libro a todos aquellos que quieren y desean mejorar en sus vidas. Especialmente a mi hermano en Cristo, "Frè Vorb Charles", por su colaboración revisando y contribuyendo a su realización.

Este libro ha sido escrito en respuesta a sus solicitudes de un Segundo volumen durante mucho tiempo, para ayudarlos a mejorar sus habilidades de aprendizaje y a dominar el idioma Creol Haitiano.

Este libro está compuesto por 20 lecciones. **Aprenda Creol Haitiano Conversación** no es para estudiantes principiantes **Nivel Cero**; es para estudiantes que ya han completado el primer volumen de **Aprenda Creol Haitiano**. En otras palabras, este libro es para estudiantes intermedios y avanzados.

La clave para dominar este idioma es aprender muchos verbos en los cuatro o cinco tiempos principales, además de adquirir un gran vocabulario. Es por esto que este libro de Conversación es perfecto para tu etapa de aprendizaje final.

Practica lo que aprendes; esto te dará la oportunidad de medir tu crecimiento.

Te invito a estudiar el contenido de este libro, y versa resultados increíbles en muy poco tiempo.

Tabla de Contenido

INTRODUCCIÓN
Como tener Éxito dominando el Creol Haitiano

1.   Dedícale 20 minutos diarios al estudio, en vez de un par de horas a la semana. Es mucho más efectivo estudiar no más de 20 o 30 minutes al día estudiando Creol.

2.   Regresa a las lecciones previas y repasa las palabras y estructura del idioma hasta que los puntos que parecían difíciles se conviertan en fáciles.

3.   Pronuncia las palabras y frases en voz alta y escucha el audio MP3 cada vez que puedas. BUSCA EN LA **PAGINA DE BONO** LAS INSTRUCCIONES PARA DESCARGAR EL AUDIO.

4.   Aprovecha cada oportunidad para practicar el idioma. Trata de conocer nativos para que puedas practicar con ellos, o practica con tus compañeros de clase; es más beneficioso hablar con un nativo y escuchar los acentos y las pronunciaciones directamente de un nativo.

5.   No te preocupes a cometer errores. Lo más importante es comunicarte e interactuar con lo poco que has aprendido, podrías sorprenderte de lo bien que puedes hacerte entender. No olvides que estas aprendiendo un nuevo idioma; por lo tanto, no lo sabes todo, es lógico cometer errores. De hecho, la mejor forma de aprender es cometiendo errores y tener alguien que te corrija esos errores. Si supieras Creol, no estarías estudiándolo. HABLA SIN VERGUENZA...

SIMBOLOS Y ABREVIACIONES

Símbolo de Audio: Esto indica que el audio MP3 se necesita para esta sección. Favor comprende que cada palabra en Creol en este libro está en audio MP3.

Símbolo de Dialogo: Esto indica dialogo o artículo de lectura.

Símbolo de Gramática: Esto indica gramática o explicaciones gramaticales.

* **Símbolo de Definición de Palabra:** Esto indica la definición de la palabra en Creol. Es una sección de diccionario. Una herramienta útil para mejorar tu aprendizaje. Encontraras las diferentes formas de usar una palabra y la explicación en Creol Haitiano.

Antes de Iniciar

Si has completado el primer volumen de Aprenda **Creol Haitiano**, ya estas consciente de que aprender Creol no es difícil cuando tienes las herramientas adecuadas. Te sorprenderás al ver cuán rápido has aprendido a reconocer las palabras. Los textos en este libro son actualizados y usa el Creol Haitiano Moderno de esta generación, así que prepárate a mejor tus habilidades.

Si aún no has descargado los archivos de audio en MP3, verifica la PAGINA DE BONO para descargarlos.

Recomiendo que siempre leas en voz alta, para que te puedes escuchar y compares la pronunciación con la del audio MP3. Si tienes alguna dificultad con la pronunciación, recuerda revisar la **Guía de Pronunciación** encontrada el **Aprenda Creol Haitiano** volumen uno.

Aprenda Creol Haitiano Conversación es un método poderoso que combina conversaciones cotidianas con personas reales y eventos adjuntos de vocabularios después de cada sección. Presta especial atención en como hablan los nativos. Los haitianos tienen a acortar las palabras lo más que pueden, así que "*Mantente alerta*".

Definición de Palabras es una sección que necesitas asegurarte de entender y digerir antes de pasar a la siguiente sección. Este libro ha sido creado para servir como conversación y diccionario al mismo tiempo. He seleccionado palabras específicas y sus definiciones que te ayudaran a dominar el idioma.

No olvides que es más efectivo estudiar unos cuantos minutos cada día que tratar una largo rato ocasionalmente. Aprovecharas mejor tu concentración con 20 minutos de estudio al día.

Pasos como usar este libro para mejores resultados

Repasa tu libro de **Aprenda Creol Haitiano** volumen uno. Asegúrate de repasar la gramática y el vocabulario de cada lección para estar preparado para **Aprenda Creol Haitiano Conversación**. Si aún no tienes, **Aprenda Creol Haitiano**, volumen uno. Te recomiendo que lo compres, estúdialo y entonces podrás iniciar **Aprenda Creol Haitiano Conversación**.

Asumiendo que ya dominas **Aprenda Creol Haitiano**, volumen uno, entonces comenzaremos con **Aprenda Creol Haitiano Conversación**.

1. Lee el primer texto de lectura en voz alta, para que puedas escucharte. Toma nota de cualquier palabra o frase nueva que no comprendas muy bien. Una vez termines tu lectura y de anotar las nuevas palabras y frases, tomate unos cuantos minutos para repasar estas nuevas palabras y / o frases.

2. Lee el texto de lectura una vez más en voz alta tratando de entender el significado de las nuevas palabras y / o frases.

3. Ahora puedes ver la sección de Vocabulario debajo del cuadro de lectura. Busca las palabras o frases que no entiendes muy bien. Apréndelas de memoria.

4. Ahora estás listo para escuchar el audio MP3. Asegúrate de escuchar el MP3 y escucha la pronunciación de nativos. Aprende la correcta pronunciación y practícala. Si es posible, trata de imitar la pronunciación de cualquier palabra o frase que no estés seguro aun. Escucha el audio MP3 tantas veces como sea necesario hasta que domines la pronunciación.

5. Ahora podemos regresar al vocabulario y buscar las palabras que tengan un signo de asterisco *****. Estas palabras son tu tesoro preciado. Ve a la sección de **Definición de Palabras** al final del libro. Lee la definición en Creol y sus diferentes usos. Asegúrate de dominar estas palabras antes de continuar. Recuerda que todas las definiciones y usos están en Creol Haitiano para un mejor desarrollo y aprendizaje.

6. Cuando ya domines la **Definición de Palabras** de esta lección, entonces puedes continuar a la sección de **Gramática,** representada por este signo . Las notas Gramaticales están antes de la

sección de **Definición de Palabras** en el libro. Presta mucha atención a las palabras con el símbolo de **Gramática**. Repásalas en el texto y si aún no puedes dominarlas. Para mejor resultados, te recomiendo que repases todos los puntos gramaticales en **Aprenda Creol Haitiano** volumen uno.

7. Asegúrate repartir estos pasos hasta que dominas cada lección. No pases a una nueva sección, si aún no has dominado la anterior. DEBES asegurarte de dominar cada lección antes de pasar a la próxima. Tu éxito dependerá si sigues estos pasos o no.

UNIDAD UNO
Mache Kwabosal
Mercado Kwabosal

Maten desann anba lavil nan mache kwabosal pou l ale nan mache. Se youn nan mache ki pi ansyen ki gen nan peyi Ayiti. La se yon kote yo te konn vann esklav sou tan lakoloni. Jis jodi a, yo itilize zòn nan pou fè mache. Yo vann tout bagay la. Machann sot tout kote vin vann sa yo genyen epi moun sot tout kote nan Pòtoprens ak zòn ki antoure l yo, pou vin achte ladan l. Prezidan Chavez, ak koperasyon l gen ak Ayiti, te refè mache sa a sou prezidan Preval. Li simante tout espas mache a. Yo konstwi yon bann gwo ral epi yo kouvri yo ak tòl. Yo fè tab an mi pou moun yo mete sa yo genyen.

Maten : Bonjou machann.
Sara : Bonjou pratik. E kò a?
Maten : Enben nou byen wi ak Jezi. E moun pa w yo?
Sara : Yo tout byen wi. Sèl manman m ki pa twò byen, ou konnen ! Kò a koumanse tchoule. Granmoun nan p ap manke w.
Maten : Konsa papa m ak ti sè m lan ap rele ak yon kò fèmal tou wi.
Sara : Sanble se lafyèv zika yo genyen. Fò w fè te pou yo.
Maten : M ap fè sa. Konbyen w vann lo mandarin yo? Kouzen m lan ap vin lakay la jodi a, li renmen mandarin.
Sara : 5 dola lo a. 3 lo pou 12 dola.
Maten : Sa l fè ! Kilè l moute la a? Te kwè se 3 dola yo te konn vann.
Sara : Konsa sò. Lajan ameriken an wo nan jou sa yo. Tout bagay tèt nèg. Kòm se pratik mwen w ye, m ka ba w 3 lo pou 10 dola.
Maten : Pa gen pwoblèm. Men fòk ou ranje l wi.
Sara : Se pa pwoblèm. M ap met yon grenn sou li.
Maten : Men kòb la. Ban m monnen nan 20 dola.
Sara : Men li. Mèsi.
Maten : Mèsi. M ale
Sara: enben ok. N a wè aprè.
Maten : wi n a wè apre.

Pandan Maten nan wout la, li kwaze ak Jezila ki se yon zanmi l pa wè lontan. Yo kontre nan mache ipolit. Se yon ansyen mache tou ki pa lwen ak kwabosal la. Se yon ansyen prezidan ki te konstwi mache sa a pou moun te ka vann nan pi bon kondisyon lijyèn. Epi mache a tou pot non l. Paske moun, se anba parapli ak tonèl yo konn ap vann nan mache kwabosal la nan epòk prezidan an. Oswa yo konn vann anba solèy la konsa si yo pa gen anyen pou met sou tèt yo. Konsa yo konn itilize gwo chapo byen laj ki bare tout figi yo ak zepòl yo, pou pare solèy. Mache sa a kouvri. Yo vann pwodwi atizana, pwodwi chimik, ak bagay pou moun fè maji ladan l. Yo pa tèlman vann bagay pou manje ladan l. Nan lane ki sot pase yo, konpayi telefòn Digicel te repare mache sa a. yo mete pano solè, gwo vantilatè, gwo limyè pou klere lannuit ladan l. Li vin an penpan ankò jodi a. Mache sa a sou gran ri a. Yo mete etajè pou moun yo mete machandiz yo. Epi anba etajè yo, machann yo ka itilize espas la pou sere sa yo genyen. Gen sekirite k ap veye mache sa a tout lannuit ak lajounen. Yon lòt bagay ki diferan ak kwabosal, se paske mache sa a gen baryè pou antre ak soti ladan l. Depi l fè nwa, yo ka femen l.

Maten : Woy ! Gad Jezila !

Jezila : Men Maten !

Maten : Kouman w ye pitit?

Jezila : Mwen la. E oumenm, kisa w fè?

Maten : Ou konnen ! N ap gade. Gad gwosè l. Apa w fin chanje nèt. Ou vin sanble ak gran sè w la anpil wi. Nou vin tankou 2 gout lapli.

Jezila : Ou poko wè anyen pitit. Se ak grann mwen m sanble ! Ou pa wè jan tèt mwen grenn menm jan ak li. Zafè cheve a n pa gen sa nan fanmi m vre. Pale m de ou non. Sa k ap fèt?

Maten : Nou la. N ap fè efò ! Ou konnen kouzen m lan? – Patrik. L ap vin lakay la jodi a ak 3 frè l yo. Tonton m ap antre sot lotbò demen. Konsa y ap desann lakay la. M vin achte mandarin pou yo. E oumenm? Ki mirak ou nan zòn nan !

Jezila : M vin achte chapo pou kanaval la.

Maten : O ! Bonè sa a !

Jezila : Non, li pa bonè non. Epi n ap bezwen yo pou nou ka fè videyo kanaval Djakout la. Medàm yo ap bezwen yo pou yo ka danse. Jan pou bagay la ka pi bèl pitit.

Maten : M p at konnen w te konn danse nan kanaval non. Sa k pase?

Jezila : O O ! Pitit ! Mwen pa lekòl kay mè ankò non. Se mè sa yo ki te konn anpeche moun danse. Bondye bon ! M fin ak lekòl sa a. Koulye a m fè sa m vle fè. Men m pa vrèman ap danse tou non. Se mwen k ap moutre medàm k ap danse yo sa pou yo fè.

Maten : O ! Gwo koze ! Kisa w fè menm ane sa a?

Jezila : M nan lekòl enfimyè paske m renmen okipe malad ak timoun.

Maten : M konn sa. Depi lontan w renmen pran ka moun.

Jezila : E oumenm? Kisa w fè?

Maten : Machè ! M jwenn yon bous pou m al etidye administrasyon nan peyi etranje. M ap tou pati ak tonton m lè l ap prale.

Jezila : Wiiiiiiiii ! M byen kontan pou ou ! Kouman manman w ak papa w ye? Pale m de yo non.

Maten : Manman m anfò m. Men l pa lakay la koulye a non. L al wè granpapa m andeyò. Papa m menm gen yon kò fèmal depi yèswa. Yo di m fè te pou li. Kou m rive lakay, m ap menmen l wè medsen fèy pou yo manyen l epi fè te pou li. Pale m de fanmi pa w yo non.

Jezila : Tout moun la pitit. Yo trankil. Mwen gen yon ti nyès koulye a wi ak yon ti neve. Gran sè m lan marye epi ti sè m nan marye tou. Yo chak gen yon pitit. Se mwen yo kite poukont mwen nan seliba a.

Maten : Pa ban m ! Se gwo zafè ! Leve pye w pitit ! Souke kò w !

Jezila : M poko sou sa non. Kou m fin etidye epi m ap travay, w a tande koze.

Maten : M pa ka kenbe w plis non. Fòk mwen ale. Ban m nimewo telefòn ou non. Paske m pa vle pèdi kontak ou ankò.

Jezila : Se : 48 85 05 82. Ou mèt bipe m epi m ap tou pran pa w la.

Maten antre nimewo a nan telefòn li epi li peze bouton vèt la. Telefòn Jezila a sonnen epi li tou anrejistre nimewo a.

Maten : Ou pa sou Facebook?

Jezila : Sa l fè ! Pa la menm ! Men w konnen ! M pa enskri sou non m. Se pa tout moun m vle wè bwat mwen.

Maten : M konprann. Se sa k fè m pat jan m ka jwenn ou an. Tout tan m toujou ap ekri non w pou m chache w wi. Bon ! M gen telefòn ou. M ap rele w epi n ap kontinye pale ak sms.

Jezila : M kontan pitit ! Ou pa ka panse jan m kontan wè w ! Kite m kite w ale non. Salye tout moun pou mwen.

Yo anbrase ankò. Youn sere lòt byen fò. Epi youn bo lòt bò figi.

Maten : M ale Jezila.

Jezila : Dakò zanmi m. Ale non n ap pale.

Maten : N ap pale.

Se konsa yo separe epi yo chak kontinye fè wout yo.

~ * ~

Vocabulario
* **Desann** *anba *lavil : Bajar al pueblo / ciudad .

Anba lavil – Bajar al pueblo / ciudad

Los haitianos usan esta expresión mucho para referirse a Puerto Príncipe, cuando las personas viven cerca. Como en Delmas, Tabarre, Carrefour, etc. Puedes omitir la palabra "**anba**" en la oración y obtendrás el mismo significado. Puedes decir "**desann lavil**" – Bajar al pueblo / ciudad.

* **Atizana** - Artesanía
* **Mache** - Mercado
* **Kwabosal –** Mercado de Kwabosal

Pi *ansyen – Mas viejo: Pi se usa en adjetivos comparativos (Pi bon – Mejor), etc.

* **Gen** - Tener - Poseer: Es la forma corta del verbo Genyen.

* **Peyi** * **Ayiti –** País de Haití

La * **Se** *yon *kote – Eso es un lugar allá.

* Yo *te konn* *vann – Solían vender

* **Esklav** - Esclavo

* **Sou** *tan *lakoloni – En los tiempo de la colonización

Jis *jodi a – Hasta hoy

* **Itilize –** Usar / utilizar

Zòn nan – Zona o área.

Fè mache – Ir de mercado

* **Tout** *bagay la – Todas las cosas / toda cosa / todo

* **Machann –** Mercader

* **Sot –** Irse / Partir : Es la forma abreviada del verbo * **Soti.**

Tout kote – En todo lugar / por doquier

* **Vin –** Venir: Es la forma abreviada del verbo **Vini.**

Sa *yo genyen – Lo que ellos tienen.

* **Epi –** Entonces

Pòtoprens – Puerto Príncipe: La Capital de Haití.

* **Ak –** Con / Y: Es la forma abreviada de **Avèk**

Zòn ki antoure l yo – Las zonas alrededor. Refiriéndose a **Puerto Príncipe.**

* **Achte** Comprar

Ladan l – Dentro de

* **Prezidan** - Presidente

Koperasyon – Cooperación

Refè– Reconstruir / Rehacer

* **Simante** - Cimentar

*Espas - Espacio

*Konstwi – Construir

Bann *gwo ral – Varios salones grandes: La palabra ral es la deformación de la palabra Hall en Ingles.

*Kouvri – Cubrir

Tòl – Tola "un tipo de Zinc - **Techado metal**

Yo fè *tab an mi – *Hacen mesas, estantes de cemento, contrato o pared.*

*Moun yo - Personas

*Mete – Poner / Entrar

*Konsa – De esa forma / así / de ese modo

Kontrè – *Encontrarse.*

Ki se – ¿Quién es?

Machann Mandarin – Mercader de Mandarina

E *kò a? – ¿y el cuerpo? Es una forma común de saludar a un amigo, preguntando como él o ella está.

*Konnen – Conocer / Saber

Kò a koumanse *tchoule – El cuerpo se está poniendo viejo

*Granmoun – Adulto / viejo

*Manke – Faltar / Hacer falta

* Papa _m_ – Mi Padre

*Ti *sè m – Mi pequeña hermana: **Ti** se usa para formar el diminutivo.

* _Ap_ *rele – llamara o está llamando.

Kò fèmal – Me duele el cuerpo

Tou – También

Sanble – Parecer

*Lafyèv - Fiebre

*Kouzen m – Mi primo

*Kouzin - Prima

*Renmen – Gustar / Amar / Encantar

Lo a – Paquete / Lote

Sa l fè ! - *¡Que! Estas bromeando! ¿Tu estas relajando?*

Kilè l *moute la a? – ¿Cuándo subiste?

*Te kwè – Creí / He creído

*Lajan *ameriken an wo – El dinero Americano esta algo - La tasa del dólar esta alta.

Tout bagay *tèt *nèg – Todo esta caro.

* Men _fòk_ ou *ranje l wi. – Pero tienes que hacerme un descuento, o darme algo extra.

*Ranje - Arreglar / Organizar

M ap met yon grenn sou li – Te daré uno extra (gratis)

Men kòb la – Aquí tienes el dinero.

*Ban m – Dame / Deme

*Monnen – Moneda / Cambio

Men li – Aquí tienes / Aquí lo tienes.

*Mèsi - Gracias

M ale – Me voy / Me iré: Esta es una expresión muy común cuando quieres irte.

Enben ok – Ok, está bien.

N a wè *apre – Nos vemos después

Pandan Maten nan *wout la – Mientras Martin está en la calle

Kwaze – Encontrarse

*Zanmi l – Su amigo

Pa wè – No ve / No ha visto

Ou *poko wè anyen *pitit – Aun no has visto nada amigo mío

Grann mwen – Mi abuela.

Jan tèt mwen – como mi cabeza. **Jan** es otra forma de *kouman/kòman*– Como.

Zafè *cheve a – Cosas del cabello

Pa gen sa nan fanmi m vre – Eso no existe en mi familia.

*Pale m de ou non – Háblame de ti.

Sa k ap *fèt? – ¿Qué pasa?: Es una expresión de saludo común coloquial en Creol de un saludo informal.

N ap fè efò ! – Pasándola / luchando. Frase común para responder.

*Frè – Hermano

*Tonton - Tío

Sot lotbò – Viene de otro país.

Demen – Mañana. Es otra forma de escribir **Denmen**.

Ki mirak ou nan zòn nan ! – Que milagro verte por aquí

Kanaval la – Carnaval: Una ocasión muy especial para encontrarse y fiestear.

O ! Bonè sa a ! – Oh, tan temprano.

Fè videyo – Hacer videos

Kanaval Djakout la – *Carnaval de Djakout. Djakout es un grupo musical. En Haití, las bandas / grupos musicales se usan para componer canciones para la ocasión.*

*Medàm yo – Señoras

Yo ka *danse – Ellos pueden bailar.

Pi bèl – Más hermoso

Mwen pa lekòl kay mè ankò non – Ya no estoy en la Escuela primaria católica / Escuela secundaria o bachillerato.

*Kay - Casa / Hogar : También puedes decir **Lakay**.

*Anpeche – Impedir / Bloquear

*Bondye bon – Dios es bueno.

* *Fin* – Terminar / Concluir: Es la forma abreviada del verbo **Fini**.

Kounye a – Ahora / Ahora mismo

M fè sa m *vle – Hago lo que quiero.

Vrèman – De veras, realmente

Gwo koze ! – *¡Interesante! ¡No es un chiste!*

*Menm – mismo

Lekòl enfimyè – Escuela de Enfermería

Okipe malad ak *timoun – Ocuparse de los enfermos y niños

M konn sa – Lo sé

*Pran ka moun – Cuidar a las personas

Lontan – hace tiempo

Mache Ipolit – Mercado Ipolit. Construido por uno de los presidentes anteriores de Haití, y nombrando el Mercado en su nombre.

Pa *lwen – *No lejos*

Te ka **vann** – Pude vender

Pi bon - Mejor

*Kondisyon - Condición

Lijyèn – Higiene

Epi mache a tou *pot *non l – Entonces el Mercado lleva su nombre.

Paske – porque (en respuesta)

*Parapli – Sombrilla

*Tonèl – Pórtico

Konn ap vann – Solían vender

Nan epòk prezidan an – Durante la época de ese presidente

*Epi – Desde

*Kontan – Contento

Oswa – En otras palabras

Anba solèy la – Bajo el sol

Pa gen *anyen – No hay nada

Sou tèt yo – En sus cabezas

Gwo chapo – Gran sombrero

***Byen laj** – Muy largo

Ki bare tout figi yo ak *zepòl yo – Que cubrí la figura complete cada y hombros.

Pou pare solèy – Para bloquear al sol

***Pwodwi atizana** – Productos de artesanía

Pwodwi *chimik – Productos químicos

Fè maji – Hacer magia

***Tèlman** – de modo que / del mismo modo

Nan lane ki *sot* *pase yo – En los años recientes.

Konpayi *telefòn – Compañía de teléfono

Digicel : Es la compañía de teléfono más grande en Haití.

Te repare - Reparo

Pano solè – Panel Solar

Gwo *vantilatè – Gran abanico / Ventilador

Gwo *limyè – Gran luz

***Klere lannuit** – Iluminar la noche.

*Li vin an *penpan ankò jodi a* – *La vida se torna Hermosa aun hoy en día / Hermosa de nuevo.*

Gran *ri a – Gran calle

Etajè - Estante

***Machandiz** - Mercancía

Sere sa yo genyen – Ahorrar lo que tienen o tenían.

Sekirite - Seguridad

K ap veye – Quien está vigilando / observando.

Lannuit ak *lajounen – Noche y día

Yon lòt bagay – Algo mas / Otra cosa.

***Diferan** – Diferente

Baryè - Cercado

Antre – Entrar / Tener acceso

Depi l fè *nwa – Desde que cae la noche.

Yo ka *fèmen l – Ellos pueden cerrarlo. **Fèmen** es otra forma de deletrear el verbo **Fenmen**.

***Woy! Gad !** - Wow ! Hey ! : Esta expresión significa sorpresa por ver a alguien después de mucho tiempo.

Anbrase – Abrazar

Makonen – Abrazar fuerte

Ansanm - Juntos

***Kouman w ye pitit?** – ¿Cómo estas chico?: Forma coloquial para saludar una mujer a un hombre, mayormente cuando son amigos. Un hombre nunca usa esta expresión, en vez dice *Kouman w ye nèg /patnè m / man.*

Mwen la – Estoy bien.

*E *oumenm, kisa w fè? – Y tú, ¿qué haces "Que trabajas"?

*Oumenm – Tu / Tú mismo: Los Haitianos usan esta palabra mucho siempre después de un pronombre personal para expresar alguien o algo.

*Kisa – ¿Qué?

*Ou konnen – Tu sabes.

* Oubyen / oswa / osinon - O

N ap *gade – Pasándola: Expresión común Haitiana.

Gad *gwosè l – *¡Mira que grande esta ellas!*

Apa w fin *chanje nèt – Increíble, has cambiado totalmente.

Ou vin sanble ak gran sè w la *anpil wi – Has cambiado para parecerte mucho a tu Hermana mayor.

*Nou vin tankou 2 *gout *lapli – Somos como dos gotas de agua. Es una expresión para mostrar similitud con otra persona.

*Bonjou – Buenos días / Buen día

Machè – *Mi querido (a)*

Jwenn – Encontrar / Juntarse

Yon bous – Una beca

* *Al* *etidye – Ir a estudiar

Administrasyon – Administración / Gerencia

Peyi etranje – País extranjero

Lè l ap *prale* – Cuando él vaya.

*Manman m anfò m – Mi madres es bien / está bien.

*Andeyò - Fuera

*Yèswa – Ayer en la noche / tarde

Di – Decir

*Te - Te

M ap *menmen l – La llevaré / La llevo

Medsen *fèy – *Doctor Natural. Un naturalista / botánico, que usa hojas y cosas naturales para tratar a las personas.*

*Manyen – Tocar / Manejar

Ti nyès – Pequeña sobrina

Ti neve – Pequeño sobrino

*Marye – Casarse / Casado

*Chak - Cada

Se mwen yo *kite poukont mwen nan seliba a – Mi Hermana me dejo por mi cuenta en mi vida de soltera (o).

Pa ban m ! – No me digas / No bromees.

Se gwo zafè ! – Eso es algo grande / Algo grande

*Leve *pye w pitit ! – Crece / Madura. Frase común para decirle a alguien que madure.

Souke kò w ! – Sacude el cuerpo / Muévete / Despierta.

M poko sou sa non – Aun no estoy en eso.

*Travay – Trabajo

W a tande koze – Me escuchas hablar / Me escuchas halando

*Tande- Escuchar / Oír

*Koze- Chatear / Charlar

M pa ka *kenbe w *plis non – No puedo más contigo / no puedo tomar más tu tiempo.

Fòk mwen ale – Debo irme.

Pèdi kontak – Perder contacto

Ou mèt bipe m epi m ap tou pran pa w la – Puedes bipearme (llamar) y así tomo tu número. Esta es una forma de obtener el número de teléfono de la persona que te llama, y queda registrado en tus llamadas.

Li peze *bouton *vèt la – El presiona el botón rojo / El presiono el boto rojo.

*Sonnen – Sonar

*Anrejistre – Registrar

Ou pa sou Facebook? – Estas en Facebook?

M pa enskri sou non m – No me he registrado.

Se pa tout moun m vle wè *bwat mwen – No quiero ver a todo el mundo en mi perfil.

M *konprann – Entiendo

Se sa k fè m _pat_ jan m ka jwenn ou an – Es por eso que nunca he podido encontrarte.

Tout tan – Todo el tiempo.

Toujou - Siempre

*Ekri - Escribir

*Chache - Buscar

Pale ak SMS – Hablemos por mensaje de texto.

*M *kontan pitit ! – Estoy contento (a)

Ou pa ka *panse jan m kontan wè w ! – No puedes imaginarte lo feliz que estoy de verte.

Kite m kite w ale non – Déjame dejarte ir.

Salye tout moun pou mwen – Saluda a todos de mi parte.

Youn sere lot byen fò – Ellos (as) se abrazaron bien fuerte.

Epi youn bo lòt bò figi – Y después se dieron un beso en la cara.

Dakò zanmi m – De acuerdo amigo (a).

Se konsa yo separe – Y así se separaron

Yo chak *kontinye fè wout yo – Ellos (as) continuaron su camino

***Dola** – Dólar. No te confundas cuando los Haitianos hablan de Dola, se refieren a 5 gouds (5 gouds es un dólar Haitiano). Y usan más la palabra Dola que Gouds. **Dola Ameriken** es Dólar Americano.

***Klere** – Iluminar / Alumbrar / Brillar

~ * ~

: Por Favor, Repasa *Aprenda Creol Haitiano Volumen 1.* Repasa la seccion de Notas Gramaticales, asegurandote de dominarlas adjunto de los vocabularios.

Mari chita nan salon lakay li ak 2 pitit li yo. Yon pitit fi ak yon pitit gason. Nan mi an gen yon tablo ki gen desen yon gwo kay ladan li. Kay la byen bèl epi li gwo. Yo rele kay sa a sitadèl. Pitit gason Mari a rele Jude (Jid) epi pitit fi li a rele Jade (Jad).

Jude : Manman ! Poukisa yo rele kay sa a sitadèl?

Manman : Yo rele l konsa paske mi li yo gwo, li byen pwoteje, li byen bati epi se yon kay ki la pou pwoteje vil la. Moun ak zàm te konn ladan l pou bay vil la sekirite.

Jude : Kiyès ki te fè konstwi l?

Manman : Moun ki te fè konstwi li a rele Henry Christophe. Yo te rele l tou Wa Jacques premye.

Jude : Ki kote sitadèl sa a ye nan peyi a?

Manman : Li nan nò peyi a. Nan yon vil ki rele Okap. Yo rele gason Okap yo : kapwa epi fanm yo : kapwaz. Ti lokalite kote sitadèl la ye a rele Milo.

Jude : Mwen panse se te nan vil Okap la li te ye wi.

Manman : Non, pitit mwen. Se pa nan vil la li ye. Se nan yon ti zòn ki nan vil la li ye. Li sou tèt yon mòn.

Jude : Tèt yon mòn menm !

Manman : Wi. Se sa menm. Machin mete w anba lè w prale lotbò a. Se moute w moute pou w al ladan l. Oswa w ka peye moun pou yo lwe yon chwal pou moute avèk ou.

Jade limenm twouve koze sa a bon. Li antre nan konvèsasyon an tou. Li pwoche epi li chita sou manman li pou li ka pale byen ak li.

Jade : M ta byen renmen al la wi mwen menm !

Manman : Se pa oumenm sèlman ki anvi al ladan l non. Moun tout kote nan peyi a ki tande pale de li ta renmen al vizite l. Ni se pa moun nan peyi a sèlman tou ki vle ale. Menm etranje yo tou. Yo toujou vin vizite l wi. Yo rele yo touris.

Jade : Touris ! Kisa sa vle di? Ki moun yo rele touris la?

Manman : Yon touris se yon vizitè. Se yon moun ki kite kote li abite a, sa vle di kote l ap viv la pou l al chache konnen sa ki gen nan lòt zòn nan peyi a oswa nan yon lòt peyi. Yo konn ale pou pase vakans, pou fè biznis, vizite kote ki te fè listwa ak yon pakèt rezon ankò.

Jid : Kijan yo rele moun wa a te bay konstwi sitadèl la?

Manman : Yo di se te blan anglè wa a te voye chache pou vin konstwi kay sa a. Te gen anpil moun ki t ap travay nan konstriksyon an. Travayè yo te gen pou pran materyo anba mòn nan epi moute ak yo jis anlè mòn lan.

Jade : Enben wa sa a genlè te gen anpil lajan ! Pale m de li non manman.

Manman : Li te nan lagè pou endepandans ak Dessalines, Pétion epi Toussaint. Se te yon jeneral ki te brav anpil epi l te gen lòd anpil. Lè peyi a te fin pran endepandans, Dessalines t ap dirije li. Yo te rele li lanperè. Apre li vin mouri, yo te fè peyi a fè de moso. Pétion t ap dirije nan lès ak nan sid. Li te prezidan. Epi Christophe te nan nò. Li fè yo mete kouròn sou tèt li epi yo te rele l wa. Se te yon nèg ki pa manje anyen frèt. Ti krik, li touye oswa l mete nan prizon. Li fòse paran mete pitit yo lekòl. Epi lekòl la te gratis. Sa ki pa vle voye pitit yo lekòl, li mete yo nan prizon epi, li bat yo. Depi li jwenn yon timoun nan lari nan lè lekòl, li pran l epi l al chache paran l pou l ka pini yo. Anplis, tout paran dwe al travay. Li pa t sitire parese. Se sa ki fè nan nò peyi a se kote ki gen anpil moun ki edike ladan l. Sa rete nan koutim tout paran nan zòn nan.

Jude : Li te gen pitit ak madanm?

Manman : Wi, wa a te genyen wi men m pa konn anpil bagay sou yo.

Jade : Poukisa se moun lòt peyi ki te vin konstwi sitadèl la?

Manman : Paske se premye fwa yo t ap fè yon gwo konstriksyon konsa. Peyi a te fèk granmoun tèt li epi pèp la pat ko gen konpetans ak esperyans pou fè konstrisyon an. Gwo kay sa yo, se te Lewòp sèlman ki te genyen yo. Se sa ki fè sa.

Jude : Misye genlè te pè. Se sa k fè l fè gwo kay sa a? Pou yo pa t vin touye li.

Manman : Wi, ou gen rezon w. Moun sa yo te pridan anpil. Apre endepandans peyi a, blan franse te toujou ap menase tounen vin goumen ak yo pou mete yo nan esklavaj ankò. Se sa ki fè yo t ap prepare pou yo. Yo te konstwi anpil fò nan peyi a. Lè w nan sitadèl la, ou domine lanmè a nèt. Epi w gen kontwòl vil la. Kèlkeswa kote moun nan ap soti, ou wè l. Wa a mete plizyè gwo kanno nan chak fas sitadèl la. Yon fason pou l ka tire sou nenpòt lennmi k ap pwoche. Yo di misye koule plizyè bato pou franse yo.

Jude : Sa l fè ! Pa ban m !

Manman : Jan w tande a. Yo di gen yon gwoup moun franse yo te voye yon lè vin menase misye. Li kite yo ale, apre sa li koule bato yo a pandan yo prale.

Jade : Se peye pou moun peye pou yo kite yo vizite sitadèl la?

Manman : Nan tan ki te pase yo, yo pa t konn mande anyen pou moun ki te vin vizite yo. Koulye a, bagay yo chanje. Tout moun dwe bay yon ti kòb. Epi yon gid ap akonpaye w pou eksplike w tout bagay epi di w sa ki te pase, epi kisa ki te genyen nan chak chanm nan sitadèl la. Kote yo te konn sere zàm, mete manje, prizon, kote yo te konn met poud kanon, boulèt...

Jude : Kilè ou pral ak nou manman?

Manman : Depi nou pase m pral ak nou nan vakans mwa jiyè a.

Jade : Si se pou pase a, ou deja ale avè m paske m deja pase.

Jude : Ni mwen tou. M ap wè kouwòn wa a nan sitadèl la?

Manman : Non, ti cheri. Li nan MUPANA.

Jade : Kisa ki MUPANA a manmi?

Manman : Se yon mize ki rele konsa?

Jude : Yon mize ! Kisa sa ye?

Manman : M a di yon lòt fwa.

Jade : Non, di nou koulye a.

Manman : Non pitit mwen yo. Li lè pou n al kouche. Mwen menm m pral prepare rad pou nou al lekòl lendi maten.

Jude : Manman !

Manman : Non mwen di. Al nan kabann nou. M pap di nou anyen ankò aswè a.

~ * ~

Vocabulario
* **Chita** – Siéntate / Sentarse
Nan *salon – En la sala
Lakay li – Su casa
Desen – Diseño
Sitadèl – Edificio o Fortaleza histórica en Haití.
Jude pwoche kot manman li – Jude se acerca a su madre
Pou li pale ak li – Para hablar con ella.
Poukisa – ¿Por Qué?
***Pwoteje** - Proteger
Bati – Construir
Moun ak *zàm – Personas con armas
***Zàm**- Armas
***Kiyès** – ¿Quién / A quién / De quién?. También puedes decir **Pou kiyès** o **Pou kimoun** "De quién o para Quién". Dándole a la persona un sentido de posesión.
<u>Henry Christophe</u> - Rey Henry I de Haití - Presidente de Haití - Termino 17 Febrero 1807 – 28 Marzo 1811
***Wa** - Rey

* 🔖 **_Premye_** - Primero

Li nan *nò – Esta al norte

Okap - Cabo-Haitiano, también conocido como el Paris de las Antillas.

Kapwa – Nombre dados a los hombres en Cabo Haitiano

Kapwaz – Nombre dado a las mujeres en Cabo Haitiano

Lokalite – Ubicación

Li sou tèt yon mòn – Esta en la cima de una montaña.

Se moute pou w moute – Debes subir y subir. Esta expresión indica que está en el nivel más alto de la montaña.

W ka *peye – Puedes pagar

***Lwe** – Prestar / Tomar prestado

***Chwal** - Caballo

***Moute** - Subir : Otra forma de escribir el verbo Monte.

Jade limenm twouve koze sa a bon – Jade encuentra que es buena idea.

Li antre nan konvesasyon an tou – Ella se integra a la conversación también.

Pwoche – Acercar / Aproximarse

📖 **M _ta_ byen _renmen_ al la wi mwen menm!** – Me gustaría ir también.

***Anvi** - Deseo

Al vizite l – Ir a visitar

Touris - Turista

kisa sa vle di? – ¿Qué quiere decir eso? ¿Qué significa eso?

Ki moun yo rele touris la? – ¿A quién llaman turista?

Yon vizitè – Un visitante / una visita

Abite – Habitar / vivir

***Viv** - Vivir

Al chache konnen – Buscar conocimiento / Ir, buscar y conocer.

Pou pase vakans – Para pasar las vacaciones

Pou fè biznis – Para hacer negocios

***Biznis** - Negocios

Vizite kote ki te fè *listwa – Visitar el lugar que hizo historia.

***Istwa**- Historia. Otra forma de deletrear la palabra **Listwa**.

Yon pakèt *rezon ankò – Mucho más razón / mucho más razones

***Rezon**- Razón

Blan *anglè wa – Británicos / Blancos Ingleses
: Los haitianos llaman a los extranjeros "**blan**". Ej. Blan Meriken, Blan Franse, Blan Panyòl.
***Anglè** – Inglés
***Voye chache** – Enviar a buscar / ir a buscar
***Voye**- Enviar
Travayè yo - Trabajadores
Pran materyo anba mòn nan – Sacan material de abajo de la montaña.
Jis anlè mòn lan – Justo hasta el tope de la montaña: Puedes decir también "**Mòn nan**"
***Bato** – Barco
Genlè –Al parecer / Parece que: Asegúrate de notar la diferencia entre "**gen lè**" – Alguna vez / En algún momento y "**genlè**" – Al parecer o parece que.
Lagè pou *endepandans – La Guerra de independencia
***Endepandans** - Independencia
Dessalines - Jacques I - Emperador Jacques I de Haití - 2 Septiembre 1804 – 17 Octubre 1806
Pétion - Alexandre Pétion – 1er Presidente de Haití - Marzo 9, 1806 – Marzo 29, 1818
Toussaint - Toussaint Louverture - Gobernador-General de Santo-Domingo - 7 julio 1801 – 6 mayo 1802. En ese entonces le cambiaron el nombre a Sen Domeng (Santo Domingo) a la parta de Haití.
***Konstrisyon** – Construcción. Otra forma de escribir Konstriksyon.
***Jeneral** - General
Brav anpil – Muy bravo / Muy feroz
Te gen lòd anpil – Había mucho orden
Lanperè – El Emperador
Yo te fè peyi a fè 2 moso – Dividieron el país en dos.
***Mouri** - Morir
Pétion t ap dirije na lwès ak nan sid – Petion gobernada en el Oeste y Sur
***Dirije**- Gobernar / Reinar / Dirigir
***Kouwòn** – Corona : Otra forma de escribir Kouwòn.
Sete yon nèg ki pa manje anyen frèt – Era un hombre que no comía cuentos / Era un hombre estricto.
Ti krik – Lo mínimo / Pequeño
Yo te konstwi anpil *fò nan peyi a – Construyeron muchas fortalezas en el país.
Of – Fortaleza / Esfuerzo

Fò anpil: Muy fuerte / Muy inteligente

*Touye - Matar

Li fòse paran mete pitit yo lekòl – Obligaba a los padres a poner los hijos en la escuela

Gratis - Gratis

Li mete yo nan *prizon epi bat yo – Los metía en prisión y después los golpeaba.

*Prizon- Prisión

*Bat - Golpear

*Pini - Castigar

Dwe al travay – Tenían que ir a trabajar / Tenían que ir al trabajo

*Parese- Holgazanes / Haragán / Perezoso

Anpil moun ki edike – Muchas personas educadas

Sa rete nan koutim – Eso quedo como una costumbre

*Rete – Permanecer / Quedarse

*Koutim – Habito / Costumbre

Men m pa konn anpil bagay sou yo – Pero no conozco muchas cosas sobre eso.

Premye fwa – Primera vez

Peyi a te fèk granmoun tèt li – El país logro su independencia / Se hizo independiente por cuenta propia.

*Pèp la – Pueblo

Konpetans ak esperyans – Competencia y experiencia

Lewòp sèlman – Solamente Europa

Misye, genlè te pè – Parece que tenía miedo

Pridan anpil – Muy prudente

Blan *franse – Franceses / Blanco Franceses

*Fransè - France

Menase tounen vin goumen – Amenazar de venir a gobernar / Amenazar de retomar el poder y pelear

Esklavaj - Esclavitud

Ou *domine *lanmè a nèt – Tienes control complete de mar

*Domine – Dominar / Controlar

*Lanmè – El mar / Océano

Epi w gen *kontwòl vil la – Entonces tienes control de la ciudad

*Kontwòl - Control

Kèlkeswa – Lo que sea / Cualquier cosa

*Plizyè gwo kanno – Varios cañones

Chak fas – Cada parte / Cada lado / Cada cara

Tire sou nenpòt lennmi k ap pwoche – Tirar sobre cualquier enemigo que se aproxime

Yo di misye koule plizyè bato pou franse yo -? Dicen que ellos hundieron muchos barcos Franceses.

Sa l fè ! Pa ban m ! – ¡Que! ¡No bromees!

Yo pa t konn mande anyen – Era gratis / Ellos no pedían nada

Epi yon gid ap akonpaye w – Entonces un guía turístico te acompaña

Eksplike -- Explicar

Nan chak *chanm – En cada habitación

*Chanm – Habitación / Recamara

Sere zàm – Tomar las armas

Poud kanon, boulèt - Dinamita, balas de cañón

Mwa jiyè a – Mes de Julio

MUPANA - Musée du Panthéon National Haïtien

Yon mize – Un museo

Li lè pou n al *kouche – Es tiempo de dormir

*Kouche – Dormir / Recostarse

*Prepare rad – Preparar las ropas

*Prepare - Preparar

*Lendi maten – Lunes en la mañana

*Lendi - Lunes

Al nan kabann nou – Ve a tu cama / Vete a la cama.

M pap di nou anyen ankò aswè a – Ya no les dirá más esta noche

*Cheri – Querida (o)

*Lewòp – Europa. **Ewòp** es otra forma de escribirlo.

*Fi – Chicha / Muchacha

*Pè – Sacerdote

~ * ~

: Por Favor, Repasa *Aprenda Creol Haitiano Volumen 1.* Repasa la seccion de Notas Gramaticales, asegurandote de dominarlas adjunto de los vocabularios.

UNIDAD TRES
*Vwayaje nan Bis
Viaje en Autobús

*D*e (2) moun kwaze nan yon estasyon machin. Sa vle di yon kote machin k ap fè trafik yo kanpe pou yo plen moun anvan yo koumanse fè vwayaj la. Men nan estasyon yo toujou gen yon seri moun k ap plen machin nan pou chofè a.

Yo toujou ap rele moun vin moute machin nan pandan y ap di ki kote machin nan prale epi kote l ap pase. Yon rele moun sa yo « bèf chenn ». Moun sa yo p ap ale ak chofè a ni ak pasaje y ap rele vin moute machin nan. Men chofè yo konn gen yon moun ki pou fè resèt oswa ranmase kòb nan men pasaje yo pou li. Yo rele moun k ap fè travay sa a "chofè adwat" oswa kontwolè. Sa ki vle di moun k ap kondwi machin nan menm, se « chofè a goch ».

Youn nan moun yo chita sou yon ban bò lari a, epi lòt la ki ap pase salye li:

Demwazèl: Bonjou mesye

Mesye a: Bonjou madmwazèl. Kouman w ye?

Demwazèl: Mwen byen wi. Èske mwen ka mande w yon ti enfòmasyon silvouplè.

Mesye a: Wi, ti cheri. Pa gen pwoblèm. M la pou m di w tout sa w bezwen konnen, depi m konn sa w t ap mande m nan.

Demwazèl: Bon ! Se Jakmèl mwen prale wi. Ki kote bis Jakmèl yo ap chaje la a souple?

Mesye a : An, ok ! Pito tout bagay nan lavi a sete sa. Ti bis pap padap ki sou bò goch lari a, se yo ki pral Jakmèl la. Ni mwen menm tou se la m prale tou. Se paske poko gen anpil moun nan machin nan ki fè m chita la a wi. Men valiz mwen gentan nan plas mwen an deja.

Demwazèl: O ! ou pa pè pou yo pa vòlè bagay ladan l?

Mesye a gade demwazèl la nan je, li souri epi li di l :

Mesye a: Non, kontwolè a ap veye pou mwen. Epi pa gen moun k ap pran chans moute pran bagay nan valiz mwen an. Anplis, li kadnase.

Li moutre demwazèl la kle a epi li souri ba li ankò. Demwazèl la fè yon soupi epi li di :

Demwazèl: Antouka, mwen byen kontan. Mwen ap tou jwenn yon konpay pou wout la.

Mesye a : Ou pa ka pi kontan pase m.

Mesye a kanpe, li pase men nan manch malèt demwazèl la t ap trennen an, epi li di :

Mesye a: Kite m ede w non. M ap bay kontwolè a mete l sou do machin nan pou ou fason pou w pa kwense anndan machin nan.

Demwazèl la souri. Li refize èd la pandan l di :

Demwazèl: Ou pa bezwen enkyete w non. M ap ale ak li nan machin nan. Mèsi.

Mesye a gade li epi li mande l :

Mesye a : Ou pè m?

Demwazèl: Non se pa sa non

Mesye a : Se kisa menm m?

Demwazèl: Non...

Mesye a pa menm kite la fin pale li di l :

Mesye a: Pouki w pa vle mwen moutre m itil pou yon fwa nan vi m? Sitou anvè yon bèl timoun tankou w.

Demwazèl la ap mamòte. Epi misye pa kite l fini pou l di:

Mesye a: Silvouplè ! Kite m ede w sèlman.

Demwazèl la lage l ba li epi li di:

Demwazèl: Mèsi anpil.

Misye koumanse trennen malèt la epi li rele kontwolè a :

Mesye a : Paul ! vini m pale w !

Lè Paul vini li di l :

Mesye a : Pran malèt sa a mete l sou do machin nan pou mwen souple. Ou pa bezwen pè.

Li pase men nan men Paul epi li mete 25 goud. Paul menm reponn :

Paul : Byen rapid patwon. Gen lòt bagay m ka fè pou ou ankò?

Mesye a di Paul:

Mesye a : Pou koulye a, non. Nenpòt bagay, m ap fè w konnen.

Paul : Ok.

Mesye a pran direksyon pòt machin nan ak Demwazèl la pou l al moutre l kote plas la ye. Se konsa machin nan te gentan gen anpil moun ladan l. Li te gentan prèske plen. Mesye a moute machin nan epi li bay demwazèl la men pou l soutni l pou l moute. Yo chita epi yo rekòmanse ak konvèsasyon yo ankò.

Mesye a : M pa ta vle pase tout jounen an ap rele w demwazèl. Ou ka di m kijan w rele souple?

Demwazè : Mwen rele Sabine. E oumenm, kijan w rele?

Mesye a : Mwen rele Patrick. Mwen byen kontan rekonèt ou Sabine.

Sabine : Ni mwen tou Patrick. Mèsi ankò pou èd ou. Se Bondye ki fè m rankontre w la a jodi a.

Patrick : De ryen, Sabine. Moun la pou ede lòt. Se sa ki fè Bondye pa te kreye yon sèl moun. Se moun Jakmèl ou ye?

Sabine : M ka di... Wi.

Patrick : Kouman?

Sabine : Papa m se moun Jakmèl men manman m se moun Leyogàn. Kidonk mwen se moun de (2) kote. Anplis mwen fèt Pòtoprens nan lopital jeneral. E oumenm, moun kibò w ye?

Patrick: Mwen fèt Tigwav men manman m ak papa m se moun Jeremi. Fòk mwen di w sa tou. Se sèlman anfans mwen m pase lotbò a. Se Pòtoprens mwen fè segondè m. Epi se la tou m al nan fakilte.

Sabine : Kouman fè paran w moun Jeremi epi se Tigwav w al fèt?

Patrick : Se paske papa m se yon pastè. Lè l fin gradye nan lekòl teoloji, misyon an transfere l Tigwav. Li te fèk marye. Se konsa m tou fèt la ak 2 lòt frè m yo. Ou ka di m poukisa se Potoprens paran w al fè w oumenm?

Pandan y ap pale konsa, machann tout bagay ap fè laviwonn machin nan pou yo ofri pasaje yo bagay pou yo achte. Soti nan pen, fwomaj, konparèt, flach, pil, kat telefòn, bagay glase pou bwè, rive nan liv tout kalite. Patrick koupe konvèsasyon an pou l mande Sabine.

Patrick : Eskize m kisa w vle pou ou manje oswa pou w bwè?

Sabine : Yon dlo ap bon wi. Mwen manje deja. Mèsi.

Patrick : Yon sachè dlo oswa yon boutèy dlo?

Sabine : Ou blagè wi oumenm?

Patrick : Non... ou pa janm konnen. M jis mande.

Patrick rele yon machann k ap vann bagay glase epi li di l :

Patrick: Vann mwen yon bidon dlo silvouplè. Konbyen li?

Machann: 25 goud wi, mesye.

Patrick : Vann mwen 2. W ap gen monnen nan 500 goud?

Machann: Se pa pwoblèm. Ou mèt achte.

Patrick pran boutèy dlo yo. Li bay Sabine youn epi li pran lòt la. Li peye machann nan epi machann nan ba l monnen. Patrick rele yon machann bonbon pou li achte de (2) sachè bonbon tou paske li pa t ko manje.

Sabine : Mèsi. Pou m reponn kesyon w te poze m lan...

Patrick : Wiii. M byen kontan w sonje. Di m non.

Sabine : Manman m ak papa m antre nan Pòtoprens depi yo piti. Sa ki fè se la yo fè primè yo, segondè, epi se la tou yo rankontre epi yo marye epi m tou fèt tou.

Patrick : Men... ki kote w abite menm nan vil la?

Sabine: M abite Dèlma 75. E oumenm?

Patrick : Sa a fè de zan mwen ap viv nan peyi a. Se nan Nouyòk m ap viv. Men anvan m te pati, m t ap viv Taba.

Se konsa machin nan fin chaje, li derape. Li kite estasyon an Pòtay Leyogàn nan epi l pran wout li pou l ale. Yo kontinye pale nan machin nan jou k yo rive.

~ * ~

Vocabulario
De moun kwaze nan yon estasyon machin - Dos personas se encuentran en una estación de autobús.
Fè *trafik - Tomando pasajeros en un vehículo, de un lugar a otro por dinero.
*Kanpe - Pararse / Estar o Ponerse de pie
*Plen moun - Lleno de personas
Fè vwayaj - Hacer un viaje / Viajar. **Vwayaje** es el verbo viajar.
Yon seri moun - Una serie de personas
Bèf chenn - Este término se refiera a la persona en la puerta del autobús diciendo las paradas a las personas.
*Chofè a - El chofer - Conductor
Pasaje - Pasajero
Fè resèt - Colectar el pasaje o tarifa / Cobrador
Ranmase *kòb - Recoger el dinero
Chofè adwat - Asistente del conductor / Ayudante
*Kontwolè - Colector
Chofè a goch - El nombre del colector o del asistente del conductor.
Sou yon ban bò lari a - En una banco en la calle
Salye - Saludar
Ti *enfòmasyon - Un poco de información
*Silvouplè - Por favor: También puedes decir Souple.
Ti cheri - Querido (a)
<u>**Jakmèl**</u> - Una Ciudad en Haití
*Bis - Bus / Autobús
Chaje - Cargar
Pito tout bagay nan lavi a sete sa - Ojalá y todo en la vida fuera así.

Ti bis pap padap – Un pequeño autobús llamado « pap padap ». La palabra "pap padap" significa "en un instante" "rápido"

Valiz – Valija / Equipaje

O ! Ou pa pè pou yo pa *volè bagay ladan l? – ¿No tienes miedo de que te roban las coas del equipaje?

***Volè** – Ladrón / Robar. Otra forma de escribirlo es vòlò.

***Demwazèl** – Señorita: Otra forma de escribir ***Madmwazèl.**

***Je** - Ojos

Souri - Sonrisa

Pran *chans – Arriesgarse

Li kadnase – Está cerrada con candado

***Kle a** – Llave

Soupi - Suspiro

Antouka – En todo caso / De todos modos

Jwenn yon *konpay – Encontrar un amigo / compañero.

***Konpay** – Compañero: Otra forma de escribir **Konpanyon.**

Ou pa ka pi kontan pase m – No puedes estar más contento que yo.

Manch malèt – Mango de la maleta

Trennen – Arrastrar

Kite m *ede w non – Permíteme ayudarte

***Ede** – Ayudar / Asistir

***Sou *do machin** – En la parte de atrás del vehículo

***Sou** – Sobre / Alrededor

***Do** – Espalda / Atrás

***Sou Do** – Sobre las espaldas / en la parta de atrás / Tener la responsabilidad sobre algo o alguien.

Yon fason pou w pa kwense andan machin nan -? Una forma para que no te caigas o que no te aprieten en el autobús.

Refize *èd – Rehusar ayuda

***Èd** – Ayuda / Asistencia

Non, ou pa bezwen enkyete w non – No, no necesitas preocuparte.

Ou pè m? – ¿Me tienes miedo?

Se kisa menm m? – **Mesye a replike.** – ¿Qué es eso? Respondió el hombre.

Itil - Útil

Sitou anvè yon bèl timoun tankou w – Especialmente alrededor de una Hermosa joven como tú.

Mamòte – Murmurar

***Vini m pale w !** – Ven / Vamos a hablar: Es una expresión muy común para llamar a alguien.

Byen rapid patwon – bien rápido jefe / patrón/

Gen lòt bagay m ka fè pou ou ankò? – ¿Hay algo más que pueda hacer por usted?

Mesye a pran *direksyon pòt machin nan – El hombre se dirigió a la puerta del vehículo.

***Direksyon** - Dirección

Li te gentan prèske plen – Estaba casi lleno

Soutni – Sostener / Mantener

Yo rekòmase ak konvèsasyon yo a ankò – Ellos retomaron su conversación

📖 *kijan* **w rele?** – ¿Cómo te llamas / Cuál es tu nombre?

Mwen byen kontan *rekonèt ou Sabine – Es un placer conocerte Sabine.

***Rekonèt** - Recocer / Conocerse / Encontrarse

De *ryen - De nada.

***Ryen** - Nada: Sinónimo de **Anyen.**

***Kreye** - Crear

Yon sèl moun – Una sola persona.

Leyogàn – Ciudad en Haití

Moun kibò w ye? – ¿Dónde estás?: Recuerda que si dices *"kibò w ye?"* estás diciendo *"¿dónde estás ahora?"* asegúrate de notar la diferencia.

Tigwav – Ciudad en Haití, también llamada **Petit-Goâve**

Jeremi – Ciudad en Haití, también llamada Ciudad de los Poetas.

Fòk mwen di w sa tou – Debo decirte eso

Anfans - Infancia

***Segondè** - Escuela Secundaria.

Fakilte - Universidad / Facultad: Los Haitianos normalmente usan este término para referirse a la universidad.

Pastè - Pastor
***Gradye** - Graduado
Lekòl teoloji - Escuela Teológica
Misyon an - La misión
***Transfere** - Transferir
Li te fèk marye - Acaba de casarse
Machann tout bagay ap fè laviwonn machin- Mercaderes de todo tipo están por todo lado del autobús.
***Pen** - Pan
***Fwomaj** - Queso
Konparèt - Un tipo de pan Haitiano.
Flach - Foco / Linterna
***Pil** - Pila / Batería
***Kat telefòn** - Carta de teléfono para llamar
***Kat** - Cuatro / Carta / Postal
Bagay *glase pou *bwè - Algo helado para tomar / Algo frio para tomar.
***Glase** - Helado / Frio
***Bwè** - Beber / Tomar
***Rive nan *liv tout kalite** - Todo tipo de libros
***Rive** - Llegar / Arribar
***Liv** - Libro / Libra
***Koupe konvèsasyon** - Detener la conversación / Cortar la conversación.
***Koupe**- Cortar
Sabine ki *santi l mare - Sabine se sentía perpleja / avergonzada.
***Santi** - Sentir
Yon sachè *dlo oswa yon *boutèy dlo? - ¿Una funda de agua o una botella de agua? En Haití venden pequeñas bolsas plásticas de agua así también como botellas.
***Dlo** - Agua
***Boutèy** - Botella / Pote
Ou *blagè wi oumenm? - Estás bromeando / Estás relajando.
***Blagè** - Bromear / Relajar
Non... ou pa *janm konnen. M jis *mande. - No, nunca se sabe. Solo pregunte. Recuerda, *Janm* significa *Nunca*, pero también significa *Pierna*.
***Mande** - Pedir / Preguntar

Vann mwen yon bidon dlo silvouplè. Konbyen li? – Véndeme una botella de agua, por favor, ¿cuánto es?

*Bèf - Vaca

W ap gen *monnen nan 500 *goud? – Tienes cambio de 500 gouds?

*Monnen** – Moneda / Cambio

*Goud- Moneda Haitiana

Ou _mèt_ achte – Puedes comprar

Machann *bonbon – Mercader de chocolate / alguien que vende chocolate.

*Bonbon** - Chocolate

Reponn – Responder / Contestar

*Kesyon** – Pregunta: Recuerda, tú haces una pregunta"**Poze yon kesyon**" o respondes una pregunta "**Reponn yon kesyon**"

*Jounen** – Diario / Diurno

Sonje – Recordar / Recordarse

Depi – Desde / De

Primè – Escuela Primaria

Nouyòk – Nueva York

<u>**Taba**</u> – Ciudad Haitiana

Derape – Partir

Pòtay Leyogàn – Nombre de un famoso lugar en Puerto Príncipe.

*Anvan** – Antes / Delante

~ * ~

: **P**or Favor, Repasa *Aprenda Creol Haitiano Volumen 1.* Repasa la seccion de Notas Gramaticales, asegurandote de dominarlas adjunto de los vocabularios.

UNIDAD CUATRO
Jakmèl
Ciudad de Jackmèl

Sabine ak Patrick nan machin pou yo ale Jakmèl. Yo te fè konesans nan estasyon Okay la. Sabine pa te konn estasyon an epi se Patrick li te mande èd pou li te ka di l kote pou l ale. Yo te moute machin nan ansanm paske se menm kote yo t ap ale. Yo nan wout la, anndan machin nan. Machin nan ap kouri byen fò. Paske se yon pap padap li ye. Yo bay ti bis sa yo non sa a paske yo rapid. Se plop plop yo rive kote yo bezwen ale a. Yo di chofè a se chofè lanfè, paske yo kouri machin anpil. Yo di bis sa a pa pote pou lopital, se pou mòg yo pote. Yo di sa paske depi gen aksidan, tout moun ap mouri paske ti bis la ap krabinen fè farin. Kidonk p ap gen mwayen pou pasajè yo sove, ni chofè a tou.

Jakmèl se yon vil ki la lontan. Li sitiye nan sidès peyi Ayiti. Li nan mitan yon pakèt gwo mòn. Se nan mòn yo, enjenyè yo trase wout ki mennen ladan l lan. Se premye vil ki te gen kouran ladan l nan peyi Ayiti. Gason k ap viv ladan l yo rele « Jakmelyen » epi fanm yo rele « Jakmelyèn ». Fanm yo gen cheve boukle, yo long epi yo nwa. Yo bèl anpil. Se yon kote ki gen anpil bòs pent, atizan, chantè, mizisyen, poèt. Lè w mache nan vil la, gen yon bon van k ap bat figi w. Ou kontre ak tout kalite nasyon. Tout koulè moun. Yo di anpil moun ki soti nan peyi Lewòp yo renmen vin twoke kòn yo ak atis Jacmèl yo. Non vil sa a popilè anpil tou nan peyi amerik latin yo. Paske gen anpil nan zansèt ki te ba yo libète yo ki te vin nan vil sa a pou yo te kapab prepare, planifye lagè ak ekstrateji pou yo pran endepandans yo anba men peyi Lespay. Yo di tou se la drapo peyi Venezyela a te koud. Se yon kote anpil touris ale.

Sabine : Ou pa moun Jakmèl, kisa w pral fè la jodi a?
Patrick : Ou tou gentan konnen. Se pou kanaval la. Yo pale m de kanaval sa a. Ane sa a, m bezwen wè ak je m. Se pa moun ki pou ap di m, ni se pa nan televizyon pou m ap gade repòtaj. M pa vle li atik sou journal nonplis. Fòk mwen la mwen menm ane a. E oumenm? M imajine pwiske w se moun lotbò a, se pa nan kanaval ou prale sèlman.
Sabine : Kòmsi w te konnen ! Mwen pral wè gann mwen. Sa fè 3

lane depi m pa ale laba a. M pat ka pase fen ane a ak li nonplis paske m te okipe nan travay mwen. M tou ap pwofite wè ak li nan peryòd sa a. Epi gen anpil zanmi m pa wè depi lontan paske yo te pati k ap vini pou kanaval la tou. Moun sa yo pa janm rate fèt sa a. M byen anvi wè yo. Se ap yon okazyon pou m kontre ak yo ankò.

Patrick : Ou se moun Jakmèl epi w pa te konn ki kote estasyon an ye?

Sabine : Se pa te la estasyon an te ye non. Se gouvènman an ki deplase l. Apre tranblemann tè a, goudou goudou, yo te oblije deplase l. Prèske tout bagay deplase depi apre evennman sa a. M te konnen l nan zòn nan wi men m pat konn ki kote avèk presizyon. Kisa w konn de kanaval Jakmèl la oumenm?

Patrick : M konnen anpil bagay de sa. Li fèt yon semenn anvan kanaval Pòtoprens lan. Se kanaval ki pi bèl ki gen nan peyi a. Sa ki fè kanaval sa a bèl anpil, se defile yo. Moun k ap defile yo byen degize. Yo degize an Endyen, zwazo, wa, rèn. Yo pentire kò yo tankou yo te moun lòt nasyon tankou Arab, chinwa elatriye. Yo di moun yo defile nan tout vil la. Soti anwo pou rive anba. Ou wè m konn anpil bagay !

Sabine : Sa ase sa yo di w? Ban m di w. Gen estann sou tou 2 bò lari a. Moun ki gen lajan ak gwo komèsan yo fè pwòp estann pa yo. Yo kanpe sou yo pou yo pa rate anyen. Tèlman gen moun nan vil la nan moman sa a, si w ta tonbe, moun ap mache sou ou epi w ap mouri. Yo byen òganize bagay la.

Patrick : A kilè defile a koumanse?

Sabine: Defile a koumanse depi bò 1è nan apremidi pou rive 6 zè nan aswè. Gen moun k ap fè defi. Sa k ap danse. Sa ki gen koulèv nan kou yo. Bèl bagay!

Patrick: Kiyès ki fè mizik menm?

Sabine: Gen plizyè bann rara ki sou pakou a tou wi. Epi gen gwoup k ap jwe nan kèk kote apre defile a. Koulye a bagay chanje nèt. Gen dj k ap anime nan sware yo.

Patrick: Eskize m pou kesyon m pral poze la. Ou marye deja?

Sabine: Non. M poko non. M gen yon fiyanse. N ap marye nan mwa jiyè a si Bondye vle.

Patrick: M byen kontan.

Sabine: E oumenm? Ou marye deja?

Patrick : wi. Mwen marye depi 5 lane. Mwen gen yon pitit fi.

Sabine: Moun kibò madanm ou ye?

Patrick: Madanm mwen se moun Okay. Paran l yo fèt la. Moun ki kote fiyanse w la ye limenm?

Sabine : Li se moun Jakmèl tou. Manman l se moun Pòtoprens men papa l fèt Jakmèl. Ki kote w te rankontre ak madanm ou?

Patrick : Nou te rankontre Pòtoprens. Mwen t ap etidye sosyoloji nan fakilte Etnoloji epi li t ap etidye dwa nan fakilte dwa Pòtoprens lan. Nou tonbe damou epi nou tou marye apre etid nou. Kisa oumenm ak fianse w la etidye?

Sabine : Mwen se enfimyè. Mwen etidye nan lekòl nasyonal enfimyè Pòtoprens lan. Fiyanse m lan se enjenyè, li etidye nan fakilte Syans inivèsite leta a.

Patrick : Oumenm ak li ap travay?

Sabine : Wi. Nou tou 2 ap travay. Li gen yon kontra sipèvizyon nan yon konpayi k ap fè wout. Mwen menm, m ap travay nan lopital jeneral. Se te toujou rèv mwen pou m te travay nan lopital mwen te fèt la. Sa fè m santi m itil yo. Se yon mwayen tou pou mwen moutre rekonesans mwen anvè yo. Madan m ou ak pitit ou Nouyòk tou?

Patrick : Wi. Men nou panse retounen nan peyi a byen vit. Li fè twò frèt laba a. Se yon konje m ap pwofite ki fè m antre la a wi. M ap gen pou m tounen touswit ankò pou m ka repran travay mwen.

Machin nan rive nan estasyon Jakmèl la. Li kanpe epi moun yo pran desann. Atè a gen yon pakèt chofè moto k ap rele moun k ap desann yo pou vin moute pou mennen yo kote yo vle ale yo. Yo chak ap site non zòn nan vil Jakmèl la pou atire kliyan yo.

Mesyedàm yo desann tou, men yo chak t ap al nan yo zòn. Kouzen Sabine nan ki t ap tann li, vin pran malèt li an nan men kontwolè a pou l al mete sou moto l. Sabine di kouzen l lan :

Sabine : Vini m fè w fè konesans ak yon moun.

Kouzen an pwoche epi li Sabine di l :

Sabine : M prezante Patrick. Se yon zanmi m kontre pandan vwayaj la.

Li gade Patrick epi li di l: "Patrick, se Georges, kouzen m."

Mesye yo bay lanmen epi youn di lòt : mwen kontan fè konesans ak ou.

Patrick : Bon, Sabine! Nou dwe separe. M swete wè w ankò.

Sabine : Pran telefòn mwen non. Se : 38 16 42 02.

Patrick rale telefòn li epi li antre nimewo a nan telefòn li. Sabine pwoche sou Patrick, li bo l bò figi epi li di l :

Sabine : Orevwa, Patrick. Mèsi pou tout bagay. Rele m. N a pale.

Patrick : Se te yon plezi Sabine. Mèsi.

Yo separe. Sabine al moute moto a ak kouzen li an. Epi li fè babay pou Patrick. Patrick, limenm pran yon moto pou l mennen l nan otèl.

~ * ~

Vocabulario
Nan estasyon Okay la – En la Estación de autobús de Les Cayes "Los cayos"
*Kouri byen fò** – Correr bien fuerte / rápido
Plop plop - Rápido
Chofè *lanfè – Conductor del infiero / un conductor súper rápido y loco: Es una expresión para referirse a un chofer rápido y furioso.
Mòg - Morgue
*Aksidan** – Accidente
Krabinen fè *farin – Se dañó / Colapsó
Kidonk p ap gen *mwayen pou pasajè yo sove, ni chofè a tou. – De modo que, no habría forma de que ni los pasajeros ni el chofer se salven.
Li sitiye nan sidès peyi Ayiti – Ubicado en la parte sur de Haití.
Enjenyè yo trase wout ki mennen ladan l lan – Los ingenieros crearon la ruta para transitar.
*Kouran** – Corriente / Electricidad
Jakmelyen – Hombres de Jacmel
Jakmelyèn – Mujeres de Jacmel
Cheve boukle – Cabello rizado
Bòs pent – Broche de pintar
*Atizan** – Artesano
*Chantè** – Cantante
*Mizisyen** – Músico
Poèt - Poeta
Gen yon bon van k ap bat figi w – Hay una buena briza que bate sobre tu rostro.
*Nasyon** - Nación

Tout koulèt moun – Personas de todo los colores

Yo renmen vin twoke kòn yo ak atis Jacmèl yo – A ellos les encanta compararse con los pintores de Jacmel.

***Atis**- Artista

***Popilè anpil** – Muy poblado

Peyi *amerik *latin yo – Los países de Latino América

***Zansèt** - Ancestros

***Libète** - Libertad

Yo te *kab prepare – Ellos pudieron preparar: **Kab** es otra forma de escribir **Kapab.**

***Planifye lagè ak estrateji** – Planificar la Guerra y estrategias

Peyi Lespay – País de España

Yo di tou se la drapo peyi Venezyela a koud – Dicen, que fue ahí donde la bandera de Venezuela se.

***Ane sa a** – Este año / Ese año

M *bezwen wè ak je m – Necesito verlo con mis propios ojos.

Se pa moun ki pou ap di m – No son los demás que me van a decir / No es lo que me digan los demás.

***Televizyon** - Televisión

Gade repòtaj – Mira las noticias

M pa vle *li atik sou *jounal nonplis – Ya no quiero leer artículos de los periódicos.

***Enjenyè** - Ingeniero

Fòk mwen la mwen menm ane a – Debo estar ahí este año.

***Imajine** - Imaginar

Pwiske – Porque / desde: Otra forma de deletrear **Paske.**

Kòmsi w te konnen – Es como si ya lo supiera.

Fen ane – Fin de año.

M te okipe – Estaba ocupado

Pwofite – Aprovechar / Tomar ventajas

Peryòd sa a – En esa época / En ese periodo.

***Zanmi** - Amigo

***Pati** – Partir / Dejar / Irse

Se *gouvènman an ki deplase l – Fue el gobierno quien lo cambió / El gobierno lo trasladó a otro lugar.

***Apre tranblemann tè a** – Después del Terremoto

Tè - Tierra

***Pote** – Cargar / Llevar

***Retounen** – Retornar / Regresar

Goudou goudou – Apodo de un terremoto.

Yo te oblije deplase l – Fueron obligados a cambiarlo.

Evennman sa a – Este evento / Ese evento

Ki kote avèk presizyon – ¿Dónde exactamente? / ¿En qué lugar con precisión?

Semenn - Semana

Defile yo – Desfiles

Degize – Disfrazarse

Endyen - Indio

*Zwazo – Pájaro / Ave

***Rèn** - Reina

Arab – Árabes / Árabe

Chinwa - Chino

Elatriye - Etcétera

Ban m di w – Permiteme decirte / Déjame decirte.

Gen estann sout tou 2 bò lari a – Tienen gradas en ambos lados de la calle.

Gwo *komèsan – Personas de negocios / Negociantes / Grandes comerciantes

Fè *pwòp estann pa yo – construyen sus propias gradas.

Yo kanpe sou yo *pou yo pa *rate anyen – Se paran en ellas para no perderse nada.

Nan moman sa a – En ese momento

Si w ta *tonbe – Si te caes

Moun ap mache sou ou epi w ap mouri – Las personas te pisan y mueres.

Sa ki gen *koulèv nan *kou yo – Los que se ponen serpientes en sus cuellos.

Bèl bagay! – Algo maravilloso / Algo lindo

Bann rara – Banda de música Rara: Rara es un tipo de música Haitiana, a veces se conoce como "Gagá"

Sou pakou – En la tarima

Gen dj k ap anime nan sware yo – Hay DJ que animan la noche.

Si Bondye vle – Si Dios quiere. Esta es una expresión común para expresar total dependencia de la voluntad de Dios.

Sosyoloji – Sociología

Fakilte Etnoloji – Facultad de Etnología

Fakilte dwa – Escuela de Derecho / Leyes

Nou tonbe damou – Enamorarse / Caer enamorado

Enfimyè – Enfermera

Nan fakilte *Syans *inivèsite *leta a – En la faculta de ciencia en la Universidad pública.

Yon kontra* sipèvizyon – Un contrato de supervisión

Konpayi - Compañía

*****Rèv mwen** – Mi sueño

*****Rekonesans mwen anvè yo** – Mi reconocimiento para / hacia ellos

Vit – Rápido

Twò frèt – Demasiado fuerte / Ruidoso

Se yon konje – Es un día feriado

Touswit - Inmediatamente

Repran - Retomar

Moun yo pran desann – Las personas comienzan a bajar

Atè a – En el piso / En el suelo

Yon pakèt chofè moto – Muchos motoristas

Yo chak ap site non zòn – Cada uno dice el nombre de su pueblo.

Pou atire kliyan yo – Para atraer los clientes

Mesyedàm yo – Damas y caballeros

Tann – Espera / Esperar

Prezante - Presentar / Introducir a alguien

Mesye yo bay lanmen – Saludo de manos / Apretón de mano

Mwen kontan fè *konesans ak ou – Encantado de conocerte.

M swete wè w ankò – Espero verte de nuevo

Orevwa – Adiós

*****Fanm** – Mujer

*****Kèk** – Algún / Ningún

*****Elatriye** – Etcétera. Otra forma de deletrear **Latriye**.

*****Pentire** - Pintar

: **P**or Favor, Repasa *Aprenda Creol Haitiano Volumen 1.* Repasa la seccion de Notas Gramaticales, asegurandote de dominarlas adjunto de los vocabularios.

Apre yon seminè, Jozye antre nan sal la pou l ka ranje bagay yo ki nan sal la. Li jwenn yon moun bliye telefòn li sou chèz li te chita a. Epi li gade atè, nan koulwa a, li wè yon bous tou. Li kouri soti sou lakou a ak yo pou t al chache mèt yo. Lè l rive deyò a, li jwenn yon mesye, li mande l :

Jozye: Telefòn sa a se pa w?

Kalo : Non, se pa pou mwen non. Kite m mande yon moun si se pa pou li.

Jozye : Mande l non.

Kalo : Se pa telefòn ou ki nan men Jozye a? Kote pa w la?

Lesli : Non. Pa m nan nan pòch mwen. Se petèt pa Mari a paske m wè li t ap fè tèt cho. Ou pa mande Mari?

Kalo : Mwen pa wè Mari non. Ki kote l ye?

Lesli : Li chita devan direksyon an, anba mach eskalye yo. Pandan n ap pale konsa, m pa wè bous mwen non.

Kalo : Genlè se bous ou a m te wè nan men Jozye a?

Lesli : An ! Li jwenn yon bous tou !

Kalo : Jan w tande a.

Lesli : Sanble se pa m lan. Petèt li te tonbe pandan m ap sot anndan an.

Lesli : Yo di m ou jwenn bous mwen an pou mwen, mesye Jozye. Mèsi.

Jozye: Ki kote w te kite l?

Lesli : Se pandan m ap soti anndan an li petèt tonbe. Mwen te chita bò koulwa a.

Jozye: Kisa w genyen ladan l?

Lesli: Kat idantifikasyon nasyonal mwen, Kat etidyan m lan, kat kredi m nan tou, m gen 300 goud ladan l anplis.

Jozye: Ok, ou pa bay manti. Men li. Pwochèn fwa, pran plis prekosyon paske w pa janm konnen. Se kapab yon lòt moun ki jwenn li.

Lesli : Se vre wi. Pito se yon moun pa w ki jwenn afè w olye se moun ou pa konnen paske w ka pa jwenn li ankò.

Apresa, Jozye foure men nan pòch chemiz li, li rale bous la epi li lonje l bay Kalo.

Jozye : Men li. Pran prekosyon ak afè nou lè n ap pati ak yo.
Lesli : Mèsi anpil Jozye. Bondye va remèt ou sa.
Jozye : Pa gen pwoblèm. Nou jwenn mèt telefòn nan tou? Nou mande tout zanmi nou yo?
Kalo : Non, nou poko. Kite m al mande Mari.

Kalo deplase byen vit. Li pran direksyon Direksyon lekòl la. Li pase arebò sal enfomatik la pou l ka rive pi vit epi li desann mach eskalye a. Se la Mari chita. Men nan machwè. Figi l fennen epi li move pase sa w pa konnen. Bò kote l la te gen yon pakèt lòt etidyan ki t ap bay blag. Yo t ap pale de jan seminè a te pase. Yo t ap fè komantè. Lè Kalo parèt, li fè Mari siy epi li di l:

Kalo : Mari ! Vini m pale w.
Mari : Kisa w fè m? Kite m an repo m, ti gason. M pa menm sou san m la a.
Kalo : Se serye wi. Se yon bon bagay m ap di w.
Mari : Tekwè m di w ban m vag.

Kalo : Kisa w gen la a maten an? M pa konprann ou menm non.
Mari : M pa sou pale la, ti nèg. Ban m lapè m.
Kalo : Si se pou telefòn ou an w fache konsa a, ou gen rezon. Li te bèl vre wi ! Jan w chèlbè ak li. Tout jounen, se fè foto, eksetera.
Mari : Sot kote m lan.
Kalo : Men se zanmi w mwen ye...
Mari: Ale m di w. M pa bezwen tande w. Ou konn zanmi konn fawouche zanmi?
Kalo : Ok. Pa gen pwoblèm. Kiyès ou vle m fawouche?
Mari : Ti nèg sa a nève m vre wi ! M ka ba w kou wi ! Kalo!
Kalo : Bon m serye koulye a. Telefòn ou an ...
Mari : Kisa w konn de telefòn mwen an?
Kalo : Mwen wè l nan men Jozye. Misye ap mande kimoun ki mèt li.
Mari: Ou pa wè ! Ou toujou ap jwe.
Kalo : M te kwè m di w m serye. Ou mèt kwè m wi.
Mari : Gade ! m pral kot Jozye koulye a. Si se manti, ou mèt tou kite lekòl sa a. Paske m ap toupizi w. M ap kraze w. W ap tou kite fawouchè jodi a.

Mari leve byen move pou l al kote Jozye. Li moute eskalye a. Li pase sou kote machin direktè a pou l rive kot Jozye dèyè sal konferans lan. Lè l rive li wè misye ap ranmase fatra li sot bale yo. Li di l :

Mari : Bonjou mesye Jozye.

Jozye : Bonjou madmwazèl. Kouman w ye?

Mari : Mwen byen wi gras a Dye. E oumenm? Kouman fanmi w yo ye?

Jozye : Yo tout byen wi, mèsi. Se pa bèl sèlman w bèl. Ou janti tou.

Mari : Mèsi.

Jozye : Ou sanble bezwen m. Kisa m ka fè pou ou demwazèl?

Mari : Yon zanmi mwen di m ou genlè jwenn yon telefòn ki te pèdi nan sal konferans lan talè a wi.

Jozye : An, wi ! M jwenn yon telefòn wi. Men eskize m wi. Se pa w li ye?

Mari : Wi, m panse sa wi. Pa m lan pèdi tou. Apre m fin sot nan konferans lan m pa wè l. M panse se ka li ou jwenn lan.

Jozye : Padone m si m mande w sa. Dekri telefòn nan pou mwen pou m ka konn si se pa w la li ye vre.

Mari: Pa gen pwoblèm. Li pa gen bouton ladan l epi do l gen yon desen yon pòm ki manke moso.

Jozye: Fòk ou ta ban m nimewo l tou wi.

Mari : Nimewo l se : 32 18 11 45.

Josye rale telefòn li, li konpoze nimewo a epi telefòn nan sonnen nan pòch li.

Jozye : Ou gen rezon w demwazèl. Se pa w la vre. Men li.

Mari : Mèsi anpil, mesye Jozye.

Jozye : De ryen matmwazèl.

Mari : Rele m Mari. Ou pa konn jan w sove m la a. Yo fenk achte sa a pou mwen ankò. M te gen youn deja, li te pèdi nan kamyonèt. Papa m te di m depi m pèdi sa a ankò, li p ap achte pou mwen ankò

Jozye : Koulye a, w a pran prekosyon ak li Mari. Kite m kontinye travay non. N ap pale yon lòt fwa.

Mari : Wi. Mèsi anpil.

Kalo ak Lesli kanpe sou balkon an. Y ap gade Jozye ak Mari. Lè Mari vire, li leve tèt li epi li wè nèg yo t ap gade l. Li fè yo siy epi li di :

Mari : Vini m pale nou ti mesye.

Lesli : Moute pito.

Mari : Ou wè gen moun onèt toujou nan sosyete a.

Kalo : Wi, kisa w ka di? Sa a ou ka di l fò.

Lesli : Sa ki fè m plezi a se paske se pa pozisyon sosyal yon moun ki fè l onèt.

Mari : Ou imajine Jozye se jeran lakou lekòl la. Menm lè l pa gen mwayen, li toujou kenbe diyite l.

Kalo : Sa a se yon bon bagay. M konnen gen moun olye yo ta bay bagay sa a, yo ta pito kenbe l epi yo van li yo aprè.

Lesli: Li t ap vann telefòn ou an pou yon bon lajan wi.

Mari : Bondye ki fè l te respekte sa ki pa pou li.

Kalo : Sa a se yon bagay pou nou kopye wi.

~ * ~

Vocabulario
Yon seminè – Un seminario
*__Sal la__ – Sala / Habitación
*__Ranje__ – Reparar / Organizar
Bliye - Olvidar
*__Chèz__ - Silla
*__Atè a__ – En el piso / En el suelo
Koulwa a – El salón
*__Bous__ – Cartera de mujer / Bulto de mano de mujer
Lakou – Patio
*__Mèt yo__ – Dueños
*__Deyò a__ - Fuera / Afuera
Pa w - Tuyo
Non, se pa pou mwen non – No, no es para mí / no, no es mío.
*__Mesye a vire__ *__dèyè sal konferans lan__ – El hombre se volteó detrás de la sala de conferencia.
*__Kot pa w la?__ – ¿Dónde está el tuyo?: **Kot** es la abreviación de kote. Los Haitianos a veces usan esta palabra para decir"donde".
*__Pòch__ - Bolsillo
Se petèt pa Mari a paske m wè li t ap fè tèt *cho - Tal vez es de Maria porque le vi preocupada.
Fè tèt cho – Preocuparse / Ponerse ansioso: Es una expresion verbal.
Ki lote l ye? – ¿Dónde está ella?
Anba mach eskalye yo – Bajo las escaleras.
Jan w tande a – Así como escuchas.
*__Parèt__ – Aparecer / Mostrarse
Ki kote w te kite l? – ¿Dónde lo dejaste?

Kat *idantifikasyon *nasyonal mwen an ladan l – Mi tarjeta de identidad está dentro.

Ok, ou pa bay *manti – Ok, ¿no estas mintiendo?

Pran plis prekosyon – Ten más cuidado / Toma más precaución.

Paske w pa janm konnen – porque nunca sabes / porque nunca se sabe.

Se kapab yon lòt moun ki jwenn li – Si fuera alguien más que lo encontrara.

Olye – En vez de

Apresa – Después de eso

Jozye foure men nan pòch *chemiz li – Josué puso sus manos en sus bolsillos.

Pran prekosyon ak afè nou lè nou pati ak yo – Ten cuidado con tus cosas cuando salgas con ellas.

Bondye va remèt ou sa – Dios te va a recompensar por esto / Dios te lo va a pagar.

Li pran direksyon Direksyon lekòl la – Él se dirigió a la dirección de la escuela: La primera direksyon expresa hacia o en dirección a y la segunda Direksyon se refiere a la oficina de la dicción / oficina principal.

Arebò – Alrededor

Sal enfomatik la – Sala te informática.

Pi vit – Más rápido

Eskalye a – Escalera

Men nan machwè – Las manos en las mejillas.

Figi l fennen epi li move pase sa w pa konnen – estaba triste y más enojada de lo que puedes imaginarte.

***Bay *blag** – Bromear

Fè komantè – Comentar sobre algo / hizo un comentario

Li fè Mari siy – Le hizo señal a Maria

Kite m an *repo m, ti *gason – Déjame tranquila muchacho / No me molestes chico.

***Devan** – Delante de

***Etidyan** – Estudiante

***Pozisyon** – Posición

M pa menm sou san m la a – No estoy en eso.

Se serye wi. Se yon bon bagay m ap di w – Es serio. Voy a decirte algo.

Tekwè m di w ban m vag – Pensé haberte dicho que me dejaras sola.

Bay *vag – Lárgate / No molestes: Es una expresión muy común en Haití.

M pa sou pale la, ti nèg. Ban m lapè m – No estoy por hablar, muchacho, déjame tranquila.

*Fache - Enojada

Jan w chèlbè ak li – ¡Como lo tocabas / Como estabas con el!

Tout jounen, se fè foto, se... - Todo el día, era foto y más ....

Sot kote m lan – Lárgate / Déjame sola.

Ale wi m di w – Lárgate / Te dije que me dejaras sola.

M pa bezwen tande w – No necesito escucharte.

Ou konn zanmi konn fawouche zanmi? – Sabes que los amigos de se burlan del otro.

Ti nèg sa a nève m vre wi ! – Este chico realmente me enoja.

M ap ba w kou wi. Kalo! – Te voy a golpear, Kalo!

Misye ap mande kimoun ki mèt li – Él me preguntó quién era el dueño.

Ou pa wè ! Ou toujou ap *jwe – Ves, siempre estás bromeando.

Paske m ap toupizi w – Porque te voy a dar una paliza.

M ap *kraze w – Te voy a romper / Desbaratar.

*Machin direktè – El auto del director

Ranmase *fatra – Recoger la basura

Li sot bale yo – Acaba de barrer

Se pa bèl sèlman w bèl – Realmente eres hermosa.

Ou janti tou – Tu también eres gentil.

Talè a – Antes / Hacen unos minutos.

Padone m si m mande w sa – Perdóname si te pregunto esto.

Dekri - Describir

Desen yon pòm ki manke moso – El diseño de una manzana faltándole un pedazo.

Fòk ou ta ban m *nimewo l tou wi – También tienes que darme el número.

Li konpoze nimewo – El marcó el número.

Se pa w la vre. Men li – Realmente es tuyo. Aquí lo tienes.

Ou pa konn jan w sove m la a – No sabes cómo me has salvado.

Yo fenk achte sa a pou mwen ankò – Acaban de comprármelo.

Li te pèdi nan *kamyonèt – Lo perdí en la camioneta.

Kite m kontinye *travay non – Déjame continuar mi

trabajo.

*Balkon an – Balcón

Moute pito – Prefiero que subas.

Ou wè gen moun onèt toujou nan *sosyete a – Ves, aún hay personas honestas en la sociedad.

Wi, sa a ou ka di l fò – Si, puedes decirlo en voz alta.

Jeran lakou – Jardinero / Gerente de la limpieza.

Li toujou kenbe diyite l – Él siempre mantiene su dignidad.

Bondye ki fè l te respekte sa ki pa pou li – Es Dios que lo hizo respetar lo que no le pertenece.

Sa a se yon bagay pou nou *kopye wi – Eso es algo que deberíamos imitar.

: **P**or Favor, Repasa *Aprenda Creol Haitiano Volumen 1.* Repasa la seccion de Notas Gramaticales, asegurandote de dominarlas adjunto de los vocabularios.

UNIDAD SEIS
Lavi 2 ti Gason
La vida de dos Jóvenes

De (2) zanmi kwaze sou yon teren foutbòl pandan yo al antrene. De zanmi sa yo rele Jan epi Pyè. Yo chak la nan lekòl diferan epi yo pa leve nan menm katye. Se paske yo nan menm ekip foutbòl ki fè yo rankontre. Anvan antrenman an koumanse, mesye yo koumanse pale de yo konsa.

Jan: Sa k ap fèt Pyè?

Pyè: Anfòm wi, patnè m. E pou ou sa k pase?

Jan: Nou trankil wi la a. Kouman moun lakay ou yo ye?

Pyè: Yo tout byen wi ak Jezi. E pa w yo, kouman yo ye?

Jan: Yo byen, patnè. Ou poko wè antrenè a vini? Ou la a lontan?

Pyè: Wi. M la a yon bon moman wi. M poko wè misye non. Ann tann pou n wè. Li ka byen pran nan blokis. Ou konn jan lari a ye.

Jan: Monchè! Gen yon gwo blokis nan lari a wi, nan moman sa a. Sitou lekòl fenk lage. Depi se lè sa yo, pa janm pa gen blokis.

Pyè: M panse se te bò lakay mwen sèlman ki te gen bagay blokis la wi.

Jan: Woy! Ou poko konn anyen. Lòtjou m pran nan yon blokis depi 7è nan maten, m rive lekòl la a 8è edmi.

Pyè: Kisa! kisa sansè lekòl ou a di? Yo kite w antre?

Jan: Yo kite m antre wi. Paske yo pa renmen kite elèv yo deyò ak inifòm lan sou yo. Yo fè m antre epi yo mete m ajenou.

Pyè: Ou pat eksplike sa ki te pase a?

Jan: Sansè lekòl mwen an pa nan pale anpil ak moun. Depi w an reta, se ajenou w prale. Lekòl ou a pa konsa limenm?

Pyè: Non, men y ap mete reta a nan kanè w si w gen 15 minit reta. Si se plis ke sa, y ap voye w tounen lakay ou. Ou pa menm bezwen frape baryè lekòl sa a menm. Apresa, nan fen ane a, yo pral gade konbyen reta ak absans ou genyen. Si w gen plis pase 5, y ap mete w deyò.

Jan: Wow! Lekòl ou a diferan nèt.Yo poko voye w tounen lakay ou paske w an reta?

Pyè: Wi, yo te voye m tounen yon fwa. Monchè! Manman m ban m yon pinisyon! M sèmante pou m pa janm an reta ankò.

Jan: Kisa ki te fè w an reta jou sa a?

Pyè: M t ap gad yon fim nan aswè epi m al dòmi twò ta. M te leve ta nan demen. Manman m pa okipe m menm. Li te pare pou mwen. Li konnen m t ap anreta epi yo t ap voye m tounen. Yo pa konn voye w tounen lakay ou tou?

Jan: Wi, yo konn voye m tounen tou wi. Se pou kòb lekòl la. Epi yon lè m t ap pale nan klas. Epi m te anpeche kou an fèt. Direktè lekòl mwen an te voye m al chache paran m.

Pyè: Kisa paran w te fè lè yo rive nan direksyon lekòl la?

Jan: Direktè a ak sansè a mande pou yo ban m yon bon pinisyon pou m ka pran leson. Papa m te fè m pase yon move moman! M pa kache di w sa.

Pyè: Moun lakay ou genlè sevè papa?

Jan: Ou pa bezwen mande! Manman m koul limenm. Li pa renmen bay pinisyon. Li plis renmen pale ak moun. Papa m menm, li p ap kite anyen pase. Depi w panche, l ap drese w. Kouman moun lakay ou ye yo menm?

Pyè: Prèske menm jan ak pa w yo. Men sa ki diferan an, se manman m ki pa manje anyen frèt lakay la. Papa m pa gen pwoblèm, li pi toleran. Depi yo bezwen bay pinisyon, yo rele manman m. Ou te mèt prepare w lè sa a. Paske w pral pase yon move moman ak madanm sa a.

Jan: Pale m de sè w yo ak frè w yo non?

Pyè: Mwen pa gen sè. Mwen gen yon gran frè ak yon ti frè. Yo tou 2 se moun ki koul. Pi gran an nan inivèsite. L ap etidye medsin. Ti frè m lan limenm. Li nan segondè toujou.

Jan: Yo konn jwe boul tou?

Pyè: Frè m yo konn jwe wi. Ni papa m tou. Men papa m ak gran frè m lan pa gen tan pou yo al jwe. Se mwen ak ti frè m lan sèlman ki gen tan pou jwe. Se sa k fè m antre nan ekip sa a. E pa w yo?

Jan: Mwen gen yon gran frè, yon gran sè ak yon ti sè. Sèl mwen ki renmen foutbòl nan yo. Sè m yo se volebòl yo jwe paske se li yo renmen. Gran frè m lan, limenm, se baskèt li konn jwe. Li pa konn anyen nan foutbòl. Men m pye goch li li pa konnen nan foutbòl. Papa m ak manman m te konn kouri lè yo te jenn. koulye a, yo kouri yon lè konsa, si yo gen tan.

Pyè: M pa janm wè ni manman m, ni papa m ap fè espò. Sanble yo pat konn fè espò lè yo te jèn. Kouman bò lakay ou ye? gen kote pou moun jwe?

Jan: Wi gen yon kote nou konn al jwe nan yon lekòl. Apresa, pa gen kote. Si yon moun bezwen jwe, li oblije vin sou teren sa a oswa l al sou yon plas. Ri nan katye lakay mwen yo gen adoken ladan yo. Toujou gen bèl animasyon chak fen semenn. Gen kouran tout jounen. E bò lakay pa w?

Pyè: Gen plizyè teren pou moun jwe bò lakay mwen. Si w vle jwe baskèt, foutbòl, oswa volebòl, w ap jwenn kote. Men pa gen kouran tout lajounen. Gen kouran lannuit sèlman. Ri bò lakay mwen yo asfalte. Epi gen yon gwo plas kote moun konn al anmize yo. Men pa gen animasyon nan fen semenn. Sèl animasyon, se legliz ak plas la.

Jan: Si m te ret bò lakay ou, m t ap jwe anpil wi. Ou konn al legliz?

Pyè: Wi, m toujou al legliz chak dimanch. M konn al nan lajenès jou lendi yo. Madi yo fè jèn. Mèkredi yo fè etid labib. Jedi yo fè lapriyè nan legiz la. Vandredi ak Samdi pa gen anyen. Ou konn al legliz tou oumenm?

Jan: Wi. Mwen al legliz chak dimanch tou ak tout moun lakay mwen. Legliz mwen an pa fonksyone menm jan ak pa w la sèlman. Yo fè jèn nan samdi pito. Yo fè repetisyon pou koral nan jou lendi yo. Yo fè vèydenwi chak madi swa. Yo fè etid labib nan jou jedi. Vandredi apremidi yo, se asosyasyon jenès la ki reyini. Aprèsa pa gen anyen lòt jou yo. Mwen patisipe nan prèske tout aktivite sa yo. Mwen pa al nan etid labib la fasil sèlman.

Pyè: Etid la bon wi. Fòk ou fè yon jan pou w patisipe ladan pi souvan wi. L ap bon pou ou. Jou dimanch, se wè pou w ta wè moun nan katye lakay mwen. Menm si w ta bezwen youn pou w fè remèd, ou p ap jwenn lakay yo. Yo tout al legliz. Yo tout abiye yo byen fre. Yo al nan tout legliz. Gen yon seri ki se advantis. Yo al legliz jou samdi. Temwen Jeova yo menm, toujou ap pase fè etid nan apremidi yo ak nan dimanch maten. Yo fè legliz nan dimanch apremidi ak kèk jou nan lasemenm nan apremidi.

Jan: M poko wè yo fè legliz nan maten vre non. M pa konn si yo fè, menm poko wè sa. Ant legliz Asanble de Dye, legliz de Dye, legiz Batis, legliz Metodis ak legliz Nazareyen, kiyès ou pi renmen?

Pyè: M pa bezwen konnen. M al nan tout mwen menm. Men kote m mache a se legliz Batis li ye. E oumenm?

Jan: Mwen pi renmen legliz de Dye yo. Se nan youn mwen ak fanmi m mache. Legliz ou a lwen lakay kote w rete a?

Pyè: Wi. Se machin pou m peye pou m al ladan l. E pa w la?

Jan: Pa m lan tou pre lakay la. Yon ti mache, m gentan rive ladan l tou. Men antrenè a! Nou pral koumanse antrenman an.

Pyè: Se vre? Enben n ap gentan fin pale bagay sa yo.

Jan: Lè n fini m ap tou al lakay ou avè w pou m ka konn zòn lakay ou.

Pyè: Pa gen pwoblèm. Nou prale talè.

Se konsa antrenè a parèt ak yon gwo sak plen balon. Li lage l sou teren an epi ti mesye ekip la koumanse jwe ak yo. Y ap choute, fè pas, epi aprann kouri ak balon an. Apresa yo fè yon bon seyans antrenman.

~ * ~

Vocabulario
Yon teren *foutbòl – Estadio de Futbol / Terreno de Futbol
Antrene - Entrenar
Yo pa leve nan menm katye – No crecieron en el mismo barrio.
***Ekip foutbòl** – Equipo de Futbol
Antrenman - Entrenamiento
Anfòm, patnè m – Estoy bien, compañero.
Nou trankil wi la a – Tranquilo (a)
Yo tout byen wi ak *Jezi – Están todos bien con Jesus: Es una forma de mostrar la misericordia de Dios al responder.
Antrenè – Entrenador / coach
Ann tann pou n wè – Esperemos a ver / Esperemos y veamos
Li ka byen pran nan blokis – Podria estar estancando en el tráfico.
Monchè – Mi querido (a)
Sitou lekòl fenk *lage – Especialmente como la escuela ya terminó.
Lòtjou – El otro día
kisa sansè lekòl ou a di? ¿Qué dijo el dirigente de la escuela?
Elèv yo – Los estudiantes
***Inifom** – Uniforme
Yo mete m *ajenou – Me hicieron ponerme de rodillas: Es un tipo de castillo para los niños.
***Jedi** - Jueves
***Baskèt** – Canasta
Mete reta a nan kanè w – Poner una marca de tardanza en el record estudiantil.
Si se plis ke sa – Si es más que eso.
***Frape baryè** – Golpear la verja / Portón.
Absans – Ausencia
Pinisyon - Castigo
Sèmante - Jurar
M t ap gad yon fim – Estaba viendo una película: Fíjate la contracción de **gade (gad),** los Haitianos tienden a abreviar casi todo.
Li te pare pou mwen – Ella está lista para mí.

Se pou kòb lekòl la – Es para el pago de la escuela.

M te anpeche kou an fèt – Estaba interrumpiendo la clase.

Paran m – Mis padres

Pou m ka pran leson – Para que pueda tomar la lección.

Yon *move moman – Un momento difícil / Dando problemas.

M pa *kache di w sa – No me escondo al decírtelo.

Moun lakay ou genlè sevè papa – Parece que tus padres son estrictos: Los Haitianos a veces usan la expresión "**moun lakay mwen / ou /li…**" para referirse a mis / tus / sus padres.

Manman m koul limenm – Mi madre es bien / Buena onda.

Depi w panche – Si metes la pata

L ap drese w – Él te endereza / Te corrige.

Se manman m ki pa manje anyen frèt lakay la – Es mi madre que no come cuentos. Siempre está lista para castigar.

Li pi toleran – Él es más tolerante.

Medsin – Medicina

*Minit – Minuto

Yo konn jwe boul tou – Ellos saben jugar futbol también.

Jwe boul – Jugar futbol: Expresión en Creol.

*Volebòl – Vólibol "Voleibol"

Baskèt – Basquetbol: Abreviación de **Baskètbòl**

Men m pye goch li pa konnen nan foutbòl – Él no puede jugar futbol.

*Jenn – Joven

Jèn- Ayunar / Ayuno

Fè *espò – Practicar deportes. Otra forma de deletrear **Spò**.

Ri nan katye lakay mwen yo ken adoken ladan yo – Las calles en mi barrio están pavimentadas.

Toujou gen bèl animasyon chak fen semenn – Todas las semanas hay buena animación.

Teren – Terreno / Campo

*Aprann - Aprender

Asfalte - Asfalto

Al anmize w – Ir a divertirse / Divertirse.

Ou konn al *legliz? – ¿Vas a la iglesia?

Nan lajenès jou – En los días de la juventud.

*Madi yo fè jèn – El martes es el die de ayuno

Etid *labib – Estudio Bíblico

Fè lapriyè – Orar / Oración

Fonksyone – Funcionar / Trabajar

Yo fè repetisyon pou koral nan *jou lendi yo – Hay ensayos del coro los Lunes.

Vèydenwi – Noche rápida / Vigilia

Se *asosyasyon jenès la ki reyini – Es el grupo juvenil que se reúne

***Patisipe** – Participar

***Aktivite** - Actividad

***Souvan** – Frecuentemente / Con frecuencia

Nan katye lakay mwen – En mi barrio / vecindario.

Fè remèd – Hacer remedio / Medicina

Yo tout *abiye yo byen fre – Todos se visten muy bien.

Advantis - Adventista

***Temwen Jeova** – Testigos de Jehová

Ant – Entre / En medio de

*Edmi** – Mitad

Legliz *Asanble de Dye – Iglesia Asamblea de Dios

Legliz de Dye – La Iglesia de Dios

Legiz Batis – Iglesia Bautista

Legliz Metodis – Iglesia Metodista

Legliz Nazareyen – Iglesia Nazarena

Legliz de Dye yo – Las Iglesias de Dios

Nou prale talè – Nos vamos pronto. Los haitianos usan más **prale** que **pral ale**. A veces usan (*pwale* – *pwal ale*). Lo mismo pero con escritura diferente.

Yon gwo *sak plen balon – Una bolsa grande lleva de pelotas.

Y ap choute – Ellos están pateando

Fè pas – Hacen un pase

Aprann kouri ak balon an – Aprenden a correr con el balón

Apresa yo fè yon bon seyans antrenman – Después de eso, hacen un buen juego de entrenamiento.

: **P**or Favor, Repasa *Aprenda Creol Haitiano Volumen 1.* Repasa la seccion de Notas Gramaticales, asegurandote de dominarlas adjunto de los vocabularios.

Ali ak Kamèl se 2 moun k ap travay pou yon gwo konpayi nan peyi a. Yon jou, nan lè poz la, yo rankontre nan kafeterya a. Kamèl te chita sou tab la poukont li epi li t ap manje. Ali, ki se yon anplwaye tou, te vin akonpaye l sou tab la paske l pat jwenn plas sou lòt tab yo.

Ali: Plas sa a pa gen mèt? M ka chita avèk ou silvouplè? Bonjou.

Kamèl: Bonjou mesye. Li pat ko gen mèt non. Ou ka chita pou w vin mèt li.

Ali: Mèsi. Mwen rele Ali.

Kamèl: Kamèl

Ali: Ou gen yon bèl non. Kimoun ki te ba w non sa a?

Kamèl: Mèsi. Se papa m ki te rele m konsa. Ou renmen non an?

Ali: Wi. Mwen renmen l anpil wi. M anvi rele pitit fi mwen an konsa wi lè l fèt. Bòn apeti Kamèl.

Kamèl: Mèsi. Bòn apeti Ali.

Ali: Mèsi. w ap travay depi lontan nan konpayi an?

Kamèl: Wi. M ap travay isit la depi 3 zan. E oumenm?

Ali: M gen lontan ap travay nan konpayi an tou wi. Men m gen plis tan ap travay la a pase w. M gen 5 an mwen menm. Nan ki pòs ou ye?

Kamèl: Mwen se asistan Direktè pwodiksyon an. E oumenm?

Ali: Mwen se sipèvizè nan livrezon an. Ou nan pòs sa a lontan?

Kamèl: Non. Mwen t ap travay nan resepsyon an, an premye. Apre yon lane, m te vin transfere kòm sekretè Direktè maketin nan. Ane sa a, m vin kòm asistan direktè pwodiksyon an. E ou?

Ali: Mwen nan pòs sa a depi m te koumanse travay isit la.

Kamèl: Ou genlè byen renmen pòs la?

Ali: Mwen pa gen pwoblèm ak li non. Epi m pa renmen plede ap chanje pòs oswa depatman nan konpayi an sof si se pwomosyon. E ou? Ou te toujou renmen pòs ou yo?

Kamèl: Pou m di laverite, m pat renmen tout. Sèl sa m ye koulye a m fè yon ti renmen. Paske etid mwen ban m kapasite pou m fè plis pase sa yo ban m fè yo. Epi m pa renmen pi ba pase kapasite m. Mwen pa santi m fè efò lè sa yo. Sanble se kontrè pou ou?

Ali: Wi. Mwen renmen travay nan pòs kote m ap pale ak moun, kote ki gen aktivite. Sa fè m santi m ap viv. Kisa w te etidye?

Kamèl: M etidye jestyon nan "Lekòl Nasyonal Administrasyon". M aprann pale plizyè lang tankou: Panyòl, fransè ak anglè, plis kreyòl la ki se lang manman m ak papa m. E oumenm? Ki kote w te etidye?

Ali: Mwen se vandè. M te etidye vant nan lekòl "Salezyen". Nan lekòl sa a tou m te aprann maketin avèk komikasyon. Paske m renmen fè moun jwenn sa yo renmen. M renmen wè lè moun kontan paske yo satisfè. Konbyen tan etid ou yo te dire?

Kamèl: M te pase 4 lane ap etidye jestyon. Pandan tan sa a, m te tou ap etidye anglè a. Lè m te gen lisans mwen an, apre 4 ane sa yo, m te pase 2 lòt ane pou m aprann panyòl ak fransè. Ou kwè w pase tout tan sa a ap etidye tou?

Ali: Mwen, m te pase 4 lane sèlman ap etidye nan lekòl la. M te pase 2 lane nan chak bagay yo. Apre sa, m te pase 2 lane ap mache fè estaj nan antrepriz yo anvan m te vin ap travay isit la. M te bliye di w sa, mwen pale panyòl tou wi, apre fransè ak kreyòl.

Kamèl: Ki kote w te aprann pale panyòl?

Ali: Mwen pa t al lekòl pou li non. Papa m konn pale panyòl paske li te etidye Sendomeng epi manman m pale l tou. Limenm li t al nan enstiti pou l te aprann li. Yo tou 2 renmen panyòl epi yo toujou gen zanmi etranje k ap vin lakay la. M tou aprann ak yo. Se nan lekòl vant lan yo te ban m fransè. M twouve w fè anpil tan ap etidye oumenm. Kouman w te fè?

Kamèl: Li pa fasil ditou pou moun ki pase tout tan sa ap etidye. Pou mwen, li te difisil anpil. Men nan kòmansman, m te gen difikilte pou adapte m ak fason pwofesè yo t ap anseye. M te dwe leve pi bonè. Chak jou, m al lekòl. M te oblije dòmi ta pou m te ka gen mwayen pou m fini fè devwa m genyen yo epi pou m revize. Pafwa, pat gen kouran nan katye lakay mwen pou m etidye lannwit. M te dwe rete nan bibliotèk lekòl la pou m fè devwa. Li te vin fatigan pou mwen anpil lè m te gen pou m sot lekòl epi al nan enstiti pou m te aprann lang yo. Pafwa mwen te konn ap soti ta nan lekòl la. Lè sa yo, li te konn difisil pou m jwenn kamyonèt ak bis. Anplis m pa t gen ase lajan pou m pran taksi.

Ali: Ay! Bagay yo pat dous pou ou.

Kamèl: Ou wè pitit! Pale m jan sa te ye pou ou non oumenm.

Ali: Bagay yo pat dous pou mwen tou non. Mwen te oblije chanje tout lavi m nèt pou m te kab rive fè etid sa yo. Mwen te renmen jwe foutbòl anpil. Chak jou m te konn al jwe. Chak fen semenn m te konn al nan plaj. M te konn pase yon pakèt tan nan televizyon. Tout bagay sa yo pat ka egziste nan lavi m ankò, depi m fin antre lekòl la. M te oblije mete lòd nan lavi m. Mwen pat gen pwoblèm ak pwofesè yo. Men se lè pou m te konpoze m te gen tout pwoblèm nan. Depi se egzamen, m sou estrès, m pa ka manje, m pa ka dòmi. M te konn rete konsa jouk egzamen yo fini.

Kamèl: Ou te pase pa w tou.

Ali: Konsa sè m! Men, ki moman w te pi renmen pandan etid ou yo?

Kamèl: Sa a se yon bèl kesyon! M gen plizyè bagay ki te make m nan etid mwen yo. Lè lekòl la te vin ouvè ankò, apre konje, mwen te wè non m afiche nan tablo onè lekòl la. Tout moun t ap mande: "Kiyès ki Kamèl la?" Te gen yon zanmi ki te wè m ap vini, li rele m byen fò. Apre sa, tout moun te vire je gade m epi yo te koumanse aplodi m. M te tèlman kontan epi sezi, m te kriye. Anfen, dwayen an te ban m yon sètifika ekselans. Di m pi bon moman pa w la tou koulye a.

Ali: Mwen, se te yon lè yon pwofesè gade m epi l di m: "Mesye Ali, ou se yon nèg serye." Mwen te ouvè bouch mwen pou m mande li poukisa, men m pat pale ankò. Li te kontinye pou l di m: "Ou ka chwazi demanti m oswa ban m rezon." Lè sa a tout etidyan t ap gade m. Epi, depi lè a tou, m met lòd nan lavi m. Paske m te deside bay pwofesè a rezon. Se sa ki te chanje lavi m tou.

Kamèl: Waw! Sa a pwofon!

Ali: Wi se vre. Koulye a di m ki moman ki pi mal ou te pase pandan w t ap etidye a.

Kamèl: Se te yon fwa, m te gen yon devwa pou m te remèt nan demen. M te rete ap fè devwa a nan bibliotèk la. Lè m te fini, li te gentan 7 è nan aswè. Ou konnen, nan lè sa a, li fè nwa epi li difisil pou jwenn machin. M te bliye si m pat manje pou jounen sa a. Yon sèl kou a, m te vin grangou anpil. Men m taksi m pat ka jwenn pou m te al lakay mwen. Men m lè a tou, pandan m ap tann machin, yon lapli te koumanse tonbe. M te mouye nèt epi m te oblije fè yon pakèt mache anba lapli a anvan m te vin jwenn yon bis ki pral bò lakay mwen. M te wont anpil, pandan m te chita nan machin nan, paske se mwen sèl ki te mouye. Kou m te rive lakay mwen, m te tou gen lafyèv. Bagay sa a te fè m pase plizyè jou m pat ka al lekòl paske m te oblije al lopital. Chak fwa m sonje bagay sa yo, yo fè m tris.

Ali: Ou gen rezon.

Kamèl: Ou pa t pran bagay sa yo non oumenm?

Ali: Pa pran menm! Yon jou vòlè te manke touye m pandan m t ap sot lekòl nan aswè. Jou sa a, kou yo te fini byen ta, pase se nan apremidi m t ap etidye lè sa yo. 2 nèg rale zam yo sou mwen epi yo di m: "Ban n tout sa ki sou ou!" Youn te tonbe fouye m epi lòt la te kole zam li an bò kòt mwen. Apre yo te fin pran tout afè m, yo di m: "Ale! Epi pa gad dèyè! Si w gad dèyè m ap tire w." M te sezi anpil wi jou sa a. M te tèlman sezi, m te tranble tankou fèy bwa.

Kamèl: Sa a te pi rèd!

Ali: Men tout bagay sa yo pase. Koulye a, n ap jwi rekonpans etid yo.

Kamèl: Wi se vre. Apre lapli, se bon tan. Li lè pou n rekòmanse travay wi.

Ali: Wi ou gen rezon. M pa wè kilè tan an pase non. Li tèlman entèresan pou pale ak ou! M kontan rekonèt ou Kamèl.

Kamèl: Ni mwen tou Ali. Mwen pa regrèt ou akonpaye m.

~ * ~

Vocabulario
Nan *lè poz la – En el receso
Kafeterya a - Cafetería
***Anplwaye** – Empleado
Akonpaye – Acompañar
Plas sa a pa gen mèt – Ese asiento no tiene dueño / Ese asiendo está libre
M anvi rele – Deseo llamar / Desearía llamar
Bòn *apeti – Buen Apetito
Nan ki pòs ou ye? – ¿En qué posición estas? / ¿Cuál es tu posición?
***Asistan Direktè *pwodiksyon an** – Asistente del Director de producción.
Mwen se sipèvizè nan livrezon an – Soy supervisor de entrega.
***Livrezon** – Delivery / Entrega / liberación
Ou nan pòs sa a lontan? – ¿Cuánto tiempo has estado en esa posición?
Resepsyon – Recepción
Kòm sekretè Direktè maketin nan – Como asistente del director de Mercadeo.
Plede – Continua / continuar
***Depatman** – Departamento
Sof si se pwomosyon – Solo si es una promoción.
Pou m di *laverite – Pare decirte la verdad
***Kapasite** - Capacidad
Sa fè m santi m ap viv – Eso me hace sentir vivo.
Plizyè *lang – Varios idiomas
***Panyòl** – Español
***Kreyòl** – Creol

Lang manman m ak papa m – Idioma nativo / Idioma materno.

Vandè – Vendedor

Vant - Venta

Maketin ak *komikasyon – Marketing y Comunicación

Satisfè - Satisfacer

Konbyen tan *etid ou yo te *dire? – ¿Cuánto tiempo duraron tus estudios?

Lè m te gen *lisans mwen an – Cuando obtenga mi licencia.

Fè estaj nan antrepriz – Hice mi estadía / pasantía en una empresa.

Sendomeng – Santo Domingo

Enstiti - Instituto

Twouve - Encontrar

Li pa fasil ditou – No es tan fácil.

Koumansman – Comienzo / Inicio.

M te gen difikilte pou *adapte m – Me fue difícil de aceptarlo.

Anseye – Enseñar.

***Mal** – Mal

M te dwe leve – Tenia que levantarme

***Dòmi** - Dormir

M te dwe rete – Tenía que quedarme

***Bibliotèk lekòl** – Biblioteca escolar

Fè *devwa – Hacer Tareas

Li te vin fatigan – Se tornó aburrido / Se convirtió fastidioso.

Pafwa – Algunas veces

***Taksi** - Taxi

Bagay yo pat *dous pou ou – Las cosas no son fáciles para ti / Las cosas no te son fáciles.

Plaj - Playa

Egziste - Existir

M te oblije mete lòd nan lavi m – Me vi forzado a organizar mi vida.

Konpoze – Tomar un examen

***Egzamen** - Examen

M sou estrès – Estaba estresado (a)

Afiche nan tablo onè lekòl la – Insignia en el mural meritorio de la escuela.

***Aplodi m** – Me aplaudieron

M te tèlman kontan epi sezi – Estaba feliz y al mismo

tiempo sorprendido.

*Kriye – Llorar / Gritar

Anfen, dwayen an te ban m yon *sètifika *ekselans – Al final, el decano de dio un certificado de excelencia.

*Ouvè bouch mwen – Abre la boca. **Ouvè** es otra forma de escribir **Ouvri**.

Ou ka *chwazi demanti m oswa ban m rezon – Puedes elegir desmentirme o darme la razón.

Deside - Decidir

Sa a pwofon! – Eso es profundo.

Yon sèl kou a, m te vin *grangou anpil – De repente, me sentí muy hambriento.

M te *mouye nèt – Estaba completamente mojado.

M te wont anpil – Me sentía con vergüenza.

M te tou gen *lafyèv – También tenía fiebre.

Chak fwa m sonje bagay sa yo, yo fè m tris – Cada vez que recuerdo estas cosas, me ponen triste.

Ban n tout sa ki sou ou! – Dame todo lo que tienes.

Lòt la te kole zam li a bò kòt mwen – El otro puso el arma a mi lado.

"Ale! Epi pa gad dèyè! – Vete y no miras atrás.

Si w gad dèyè n ap tire w – Si miras atrás, te disparo.

M te tèlman sezi, m te *tranble tankou fèy bwa – Tenia tanto miedo, que estaba temblando como la hoja de un árbol.

Sa a te pi rèd! – Realmente fue malo / Esto fue lo peor.

Koulye a, n ap *jwi rekonpans etid yo – Ahora, estamos cosechando los frutos del estudio.

: **P**or Favor, Repasa *Aprenda Creol Haitiano Volumen 1.* Repasa la seccion de Notas Gramaticales, asegurandote de dominarlas adjunto de los vocabularios.

Lwi ak Pedro te al nan vakans. Paske apre yon lane travay di, jan sa toujou ye a, yo toujou bay konje pandan youn ou 2 semenn. Lè yo tounen nan travay nan mwa fevriye a, yo tonbe pale sou fason yo te pase vakans lan.

Lwi: Pedro, patnè m, kouman w ye?

Pedro: Mwen byen kolèg. E oumenm?

Lwi: Mwen solid wi la a. M wè w fre tou papa!

Pedro: Ou konnen! Apre repo a. M santi m djanm koulye a.

Lwi: Travay di sa yo mande repo vre wi. Kò a pa fè, li toujou mande repoze l. M wè w ap gad nan magazin papa! Kisa ki enteresan konsa a?

Pedro: M ap gad sa yo di sou yon seri de kote. Y ap bay konsèy. Y ap dekri kèk zòn. M ap prepare m pou konje m pral genyen nan mwa avril k ap vini an.

Lwi: O! Ou gentan ap prepare?

Pedro: Wi. Pi bonè se granm maten. Se pa lè dòmi nan je w pou w pare kabann ou. Apre vakans sa a ki sot pase a, m pran gou pou m kontinye al pase tan m yon bon kote. Se pa konsa w fè oumenm?

Lwi: Non. Se pa mwen ki planifye vakans mwen ni konje m yo tou. Madanm mwen bon nan bagay sa a. Li toujou gen bon kote ak bon aktivite. M pa konn sa m t ap fè san madanm sa a.

Pedro: Mwen ak madanm mwen toujou diskite anvan n deside sa n ap fè ak ki kote nou prale. Paske nou pa gen menm gou. Madanm mwen renmen plaj. Mwen, m renmen vizite pito. Mwen prefere mache nan bwa, moute mòn. Madanm nan limenm, li pa renmen mache ditou. Men nou pyès pa renmen al nan vakans poukont nou. Ki kote w te ale nan vakans ane sa a?

Lwi: Nou te ale plizyè kote. Kòm sete 2 semèn mwen te genyen sèlman. Nou te al nan fèt chanpèt, nou te al nan plaj epi nou te vizite anpil lòt zòn tou, mwen ak madanm mwen. Pale m ki kote w t ale Pedro pou vakans pa w la.

Pedro: M te al nan plaj ak madanm lan. Nou t al vizite Gonayiv, Sodo, ak Lagonav.

Lwi: Lagonav menm? Nou pa pè lanmè?

Pedro: Non. Nou pa pè lanmè non paske nou konn naje. Anplis, nou te mete jile nou sou nou nan chaloup. M te byen anvi al Jele, men m pa t gen tan.

Lwi: Ou poko al Jele?

Pedro: Non, m poko janm ale non. Sanble w t ale oumenm?

Lwi: Wi, nou toujou ale la wi. Ou genlè poko al Camp-Périn tou non?

Pedro: Monchè! M poko janm gen chans ale. Sa byen fè m mal. Kote yo nan peyi m epi m pa t janm ale ladan yo. Se moun k ap pale m de yo.

Lwi: Enben w poko konn anyen sou Ayiti. Ou pa konn gou peyi a si se nan ti Pòtopren lan sèlman ak ti zòn ki anveronen l yo ou rete. Ni w p ap konn plezi ki gen nan peyi a. Lè w met tèt nan Sid, tou 2 bò wout la gen bèl pyebwa. Lè sa a, ou desann vit machin nan, pou w respire bon lè. Gen yon pafen natirèl k ap sot nan bwa yo. Lè w ap espire a lejè! epi pa gen salte. Pandan w ap kontinye sou wout la, ou vin gen enpresyon se nan lanmè a w pral antre, paske w ap gade l devan w lan. Lè sa a, w ap mande si nan zòn sa a se Ayiti tou paske Pòtoprens lan tèlman diferan de sa w ap viv kote sa yo. M konn desann machin nan pou m fè foto.

Pedro: Ou gentan ban m anvi fè Sid fwa sa a wi. Zòn nò a pa gen anpil pyebwa bò wout non, nan komansman. Men lè w ap gade, mòn adwat epi lanmè agoch ou pandan w ap file nan wout la. Monchè! Sa bèl anpil. Lè w rive nan zòn Latibonit menm, ou wè mòn yo lwen koulye a, epi wout la pase nan mitan jaden yo. Jaden diri 2 bò wout la. Yo fè peyizaj la vin bèl. Ou ta di se yon tablo atis bòs pent fè. Zòn sa yo, lè w ap pase ladan yo, yo lave lespri w. Estrès ou ale. Ou santi w lejè! Fò w ta di se ti zwazo, tèlman w lejè. Gade Lwi! Pase andeyò se youn, viv andeyò pou menm 2 jou, se yon lòt. Ou fè 2 jou andeyò deja?

Lwi: Gade misye! Se nèg andeyò m ye wi. Ou pat konnen! Se nèg Bèladè m ye. Se mwen ki pou pale w de andeyò.

Pedro: Zanmi m, m pa sot andeyò, men paran m te konn al andeyò avè m lè m te piti. Koulye a, m granmoun, m toujou renmen al nan zòn andeyò yo. Men se Gonayiv mwen plis konn ale. Bèl kote, ti gason! Fò w ta wè sa.

Lwi: M poko ale non.

Pedro: Se mwen k pou di w. Sa fè 3 mwa depi m t al wè yon zanmim lòtbò a. Zòn nan trankil! Ou mache lè w vle. Ou mèt kite afè w dòmi deyò a, pyès moun p ap pran l. M raple m zanmi m lan te soti ak nou sou yon moto. Lè n tounen lakay, li kite moto a bò lari a epi nou antre lakay la. Apre yon bon tan, mwen raple l li bliye moto a deyò a. Ou konn sa l di m?

Lwi: Kisa?

Pedro: Li di m konsa: " Sa a se pa lakay ou Pòtoprens non. Bò isit la w te mèt kite afè w atè, ou p ap jwenn moun rann ou sèvis vòlè l. Tout moun respekte l. Epi w mache lè w vle." m tou fèmen bouch mwen la. M pa di anyen. Paske l te gen rezon. Moun andeyò, se lòt bagay!

Lwi : Ou mèt di sa fò! Epi yo renmen pran ka moun tou wi. Depi yo wè w, yo salye w. Menmsi w pat wè yo. Tout timoun rele w tonton. Mande m kilè w te frè manman yo ak papa yo. Anplis, menm lè yo prese, fòk yo fè yon ti kanpe pou pale ak ou. Yo toujou ap mande: "Kouman kò a ye? Ban m nouvèl fanmi an non?" Yo gen pou yo site non mezi se moun ou gen lakay ou, pou konn jan yo ye ak sa yo fè. Sa k pi rèd la, yo renmen etranje anpil. Yo toujou ap sere bon bagay pou yo ka resevwa etranje. Yo konn tèlman pran ka m, m wont.

Pedro: M konn anbarase vre wi. Lè konsa m oblije fè menm jan ak yo pou m pa parèt twò etranj. M renmen yo anpil paske yo onèt. Ou mèt wè yo malere, yo respekte tèt yo. Yo kenbe mo yo. Si yo di w wi, se wi. Men si yo di w non tou, se non. Pa anmède yo.

Lwi: Pandan yo konsa a, yo konn frajil tou wi. Ou konnen nan kèk zòn andeyò pa gen tribinal ni lapolis epi sa ki genyen yo lwen. Enben se maji moun sa yo ki lapolis, ki lalwa, ki tribinal. Depi w pa gen rezon, depi w pran sa k pa pou ou, depi w fè yo abi, y ap manje w. Yo pa nan jwèt!

Pedro: Pou bagay manje sa a ki fè m pa ka fin alèz ak nèg andeyò. Yo di m depi w te gen pwoblèm ak youn oswa youn gen pwoblèm ak lòt gen 3 bagay ki ka pase: si gen lapolis, yo ka al fè plent pou ou. Apresa, se rale manchèt pou w goumen, oswa youn touye lòt nan maji. Yo fè lòt tounen zonbi pou yo vann kòm travayè oswa pou yo mete ap travay nan jaden yo.

Lwi: Kote y ap ri avè w la, se mache sou 13 ou pou w pa pile 14. San sa, y ap voye w nan peyi san chapo.

Pedro: Wi. Men sa pa anpeche m renmen yo pou sa. Zòn kote y ap viv la gen anpil bèl pyebwa epi li trankil. Lè yon moun bezwen fè vid nan lespri l, se nan zòn konsa yo pou l ale.

Lwi: Nan vakans k ap vini an, m pral vizite Gonayiv pou m wè. Ou pral avè m?

Pedro: Non. Mwen, se nan Sid mwen prale paske m bezwen konn jan sa ye lòtbò a.

Lwi: Se sa patnè m. Kite m al kontinye travay non.

Pedro: Pa gen pwoblèm. N a pale.

Lwi: OK, Kolèg!

Vocabulario

Nan *mwa *fevriye a – En el mes de Febrero.

Yo tonbe pale sou fason yo te pase vakans lan – Comenzaron a hablar de cómo fue sus vacaciones.

Kolèg – Colega

Mwen solid wi la a – Me siento sólido. Otra expresión diciendo que estas súper bien / fuerte.

M wè w fre tou papa! – Veo que también estas bien.

M santi m djanm koulye a – Me siento fuerte ahora / Estoy en buena forma.

Kò a pa *fè, li toujou mande repoze l – El cuerpo no puedo, siempre pide descanso.

Magazin - Revista

Y ap bay *konsèy – Estaban dándome consejos.

Pi bonè se granm maten – El que madruga Dios lo ayuda. Proverbio o expresión en Creol.

M pran *gou pou m kontinye – Me siento motivado / quiero continuar.

Paske nou pa gen menm gou – Porque no tenemos el mismo gusto.

Mwen prefere mache nan *bwa, moute mòn – Prefiero caminar en el bosque, escalar montañas.

Men nou pyès pa renmen al nan vakans *poukont* **nou** – Pero nadie ama ir solo de vacaciones.

Nou te al nan fèt chanpèt – Fuimos a un festival. Esta es una fiesta tradicional católica honrando a sus santos. Cada ciudad tiene un santo y su fiesta a aparte.

*Naje – Nadar

Anplis, nou te mete jile sou nou nan chaloup la – Además de eso, nos pusimos salvavidas en los botos.

M te byen anvi al Jele men m pa t gentan – Realmente sentí el deseo de ir a "**Jele**" pero no tenía tiempo. *Jele es el nombre de un lugar en Okay, donde celebran fiestas a los turistas.*

Camp-Périn – Campo Perin: Nombre de un lugar en Haití. Famoso por su hermosura y naturaleza.

*Avril - Abril

Ou pa konn gou peyi a si se nan ti Pòtopren lan sèlman ak ti zòn ki anveronen l yo ou *rete* – *No conoces lo mejor del país si solo te quedas en Puerto Príncipe y en las zonas cercanas.*

Lè w met tèt nan Sid – Cuando te diriges al sur.

Bèl pyebwa – Hermoso árbol

Respire *bon lè – Respirar aire fresco

Gen yon pafen *natirèl – Hay un perfume natural

Lè w ap espire a lejè!- El aire que respiras es leve / suave.

Pa gen *salte – No hay contaminación / suciedad

Gen enpresyon – Ya tienes la impresión

Fè foto – Tomarse fotos

W ap file nan *wout la – Vas rápido en la calle. *File en esta frase quiere decir un conductor manejando rápido.*

Nan *mitan *jaden yo – En el medio de los jardines.

***Diri** – Rice

Yo fè peyizaj la vin bèl – Hacen que el paisaje se vea hermoso.

Yo *lave *lespri w – Elevan tu espíritu.

Estrès ou ale – Tus preocupaciones de van / El estrés se va.

Pyès moun p ap pran l – Nadie lo tomara / Nadie lo tocara

Mwen raple l li bliye moto a deyò a – Le recordé que olvidó la moto afuera.

Bò isit la w te mèt kite afè w atè – Aquí puedes dejar tus cosas en el suelo.

Rann ou *sèvis vòlè l – No encontraras a nadie que te robe.

Respekte l – Respetarlo

M tou fèmen *bouch *mwen la – Cerré mi boca inmediatamente.

Tout timoun rele w tonton – Todo el mundo me llama tío

Anplis, menm lè yo *prese – Aun cuando están de prisa.

Fòk yo fè yon ti kanpe pou pale ak ou – Ellos deben detenerse un poco para hablarte.

***Resevwa etranje** – Recibir extranjeros.

Yo konn tèlman pran ka m, m wont – Algunas veces ellos se preocupan tanto por mí que me siento avergonzada.

M konn anbarase vre wi – Estoy acostumbrada a sentirme avergonzada.

Si yo di w wi, se wi. Men si yo di w non tou, se non – Si dicen Si, es Si. Si dicen no, es no.

Pa anmède yo – No los molestes.

***Tribinal** – Tribunal / Corte

Enben se maji moun sa yo ki ni *lapolis, ni *lalwa, ni tribinal – Además, es la magia de esa gente, no es ni la policía, ni la ley ni los tribunales.

Fè *abi – Abuso

Yo pa nan *jwèt! – Ellos no están en juegos.

Pou bagay manje sa a ki fè m pa ka fin alèz ak nèg andeyò – Es la cuestión de comer que me hace no llevarme bien con los paisanos. En la creencia Haitiana si alguien muere y creen que fue asesinado usando magia, dicen que se"comieron a esa persona"

Fè *plent pou ou – Poner una querella en tu contra.

Se rale *manchèt – Halar machetes

Yo fè lòt tounen *zonbi – Convierten a otros en zombis. Esta es una creencia supersticiosa muy poderosa en la superstición de zombis.

Se mache sou 13 ou pou w pa pile 14 – No cruces la línea. Es otra expresión de advertencia.

San sa, y ap voye w nan peyi san chapo – Sin eso, te envían al país de no retorno. Otra expresión que significa la muerte *"peyi san chapo"*.

Ou pral avè m – ¿Irás conmigo? / ¿Vas conmigo?

   Lespri – Espirito. **Espri** es otra forma de escribirlo.

: **P**or Favor, Repasa *Aprenda Creol Haitiano Volumen 1.* Repasa la seccion de Notas Gramaticales, asegurandote de dominarlas adjunto de los vocabularios.

UNIDAD NUEVE
Lavi yon Jenn Fanm ak yon Jenn Gason
La vida de un Joven Hombre y una Joven Mujer

Rachèl se yon demwazèl ki toujou renmen planifye tout bagay anvan l koumanse fè yo. Se konsa l toujou gen yon plan pou chak semenn. Danyèl, se yon jenn gason ki gen menm abitid la tou. Yo se 2 bon zanmi. Yo rankontre yon jou dimanch pandan yo pral legliz epi yo koumanse pale de plan yo.

Rachèl: Bonjou Danyèl. Kouman w pase semenn nan?

Danyèl: Bonjou Rachèl. Mwen byen gras a Dye, mèsi. Mwen te pase yon bon semenm tou. E pou ou? Kouman sa te ye?

Rachèl: Ni mwen tou. M te pase yon bon semenn. Ou te fè tout sa w te pwograme pou w te fè nan semèn ki sot pase a?

Danyèl: Machè! M pa gentan fè tout non.

Rachèl: Kisa ki pase? Ki mirak ou pa gen tan fè yo! Jan m konnen w se moun ki gen disiplin!

Danyèl: Men sa k pase! M konn ale lekòl soti lendi pou rive vandredi. Epi chak jou m te konn al lekòl la bò 7è nan maten epi m konn tounen bò 2è yo. Apre sa m konn pase dezèdtan ap etidye. Nan apremidi, m konn gen tan pou m al nan lekòl mizik la pou m ka pratike pyano. Men semenn sa a, tout bagay chanje. Poutèt chofè yo t ap fè grèv pou gaz la ki monte, li te difisil pou m jwenn machin pou m tounen lakay mwen. Sa fè m pa gentan al nan mizik nan semenn nan. Mwen pat al nan kou anglè a nan samdi maten tou. Paske pwofesè lekòl yo te bay randevou an jou samdi a. Epi m pa renmen sa pyès non!

Rachèl: Mwen pa renmen sa tou non.

Danyèl: E oumenm: Ou te gentan fè tout bagay?

Rachèl: Mwen te prèske fè tout. Se yon ti fatig ki fè m pat gentan fè lekti nan mèkredi swa sèlman. Men se pa yon pwoblèm.

Danyèl: Ou gen yon bèl wòb wi. Li fè w byen anpil.

Rachèl: Mèsi Danyèl. Ou gen yon bèl vès tou.

Danyèl: Mèsi. Kisa w pwograme pou semenn nan la a?

Rachèl: O, o! anpil bagay. Ou konnen se yon mwa ki fenk antre. M konnen mwa sa a konn gen anpil lapli ki tonbe ladan l. Konsa m pral achte yon parapli demen maten. Yè m te achte 2 kat pou yon konsè m prale ak yon zanmi. Apre demen, mwen pral vizite manman Direktè lekòl la nan fen semenn nan. Paske li lopital. Li gen yon pwoblèm tansyon. Apresa, se menm bagay mwen gen abitid fè yo m pral fè. M pral lekòl chak maten. M pral legliz chak apremidi epi m ap etidye. E oumenm? Kisa w planifye la a?

Danyèl: Apre sa m gen abitid fè yo. M pral Senmak. Se yon bèl vil. Yo di m bagay yo pa chè laba a. M pral achte yon tenis. M pral vizite plaj ki lotbò a tou pou m ka planifye yon jounen pou timoun lekòl yo. M pral nan Ministè a tou pou m ka al chache diplòm etid segondè m lan. Tankou demen, m p ap al lekòl la non. M pral achte fil pou m fè braslè. M gen yon kolonn etranje k ap fin vizite zòn bò lakay la. M ap tou pwofite pou m fè braslè plizyè koulè ak plizyè fòm. M ap mete drapo ameriken an sou yo. M ap ekri non peyi an sou yo. M pral prezante yo zèv atizanal tou. Konsa, m ap tou fè yon ti lajan ak yo. Paske m bezwen kòb tou.

Rachèl: Li bon wi. W ap devlope lespri w. Gwo antreprenè yo, se konsa yo te koumanse tou wi. Yo fè tèt yo travay epi yo jwenn yon solisyon, yon aktivite ki pou pèmèt yo fè lajan osinon rezoud yon pwoblèm.

Danyèl: Y ap bay yon seminè sou fason pou moun vann epi kanpe pwòp antrepriz yo wi.

Rachèl: Se vre!

Danyèl: Wi

Rachèl: Ou patisipe nan yo deja?

Danyèl: Wi. Se apre m fin patisipe nan youn, m vin wè m gen yon seri bon lide k ap vin nan tèt mwen. Yo ban m yon pakèt teknik pou m abòde moun, pou m ofri yo sa m genyen epi pou m moutre yo nesesite ki genyen pou yo achte sa m ap ofri yo.

Rachèl: Sa a bon nèt! Kouman pou yon moun patisipe ladan l?

Danyèl: Fasil! Ou enskri pou 500 goud pou m ka rezève plas ou. Apresa, vin nan seminè a. Ou pa bezwen pote anyen. Y ap ba w tout materyèl ak founiti w ap bezwen. Si w gen lòt zanmi ki entèrese ak sa tou, envite yo. M garanti w sa, ou p ap regrèt.

Rachèl: Ki dat menm l ap fèt?

Danyèl: Jou k ap samdi 13 fevriye 2016 la.

Rachèl: M gentan entèrese la a wi. Ok! M pral pale sa ak papa m. Li toujou ap ankouraje m al nan bagay ki serye, bagay k ap ede m devlope kapasite m pou m dirije. M panse l ap byen kontan. Se sa k fè m panse l ap tou peye tou. M pral pale ak 2 zanmi m gen nan legliz la tou. M pral envite yo. M panse y ap byen entèrese ak sa.

Danyèl: L ap byen bon. Si w vin ak 5 moun, w ap ka vin gratis.

Rachèl: Sa l fè! M deja gen bous sa a. M pral demele m pou m jwenn menm 7 moun menm. Jan m konnen m gen zanmi! Konbyen tan seminè a ap dire?

Danyèl: L ap dire tout jounen an. Soti 8è nan maten pou rive 5è nan aswè.

Rachèl: O! tout jounen menm! Y ap bay manje?

Danyèl: Non! Ki manje sa! Yo konn bay manje nan seminè?

Rachèl: Wi. Gen kote yo bay manje wi.

Danyèl: Enben yo p ap bay nan sa a. Y ap sèlman bay yon ti bagay pou bwè. Si w bezwen manje, mache ak afè w pou w manje. Y ap bay yon poz pou 30 minit. Soti midi pou rive midi 30. Apresa, antre vin kontinye.

Rachèl: Se pa grav. M ap mache ak manje m. Epi m ap di zanmi m yo pou yo vin ak manje pa yo tou. Ki kote seminè sa a ap fèt?

Danyèl: Moun k ap òganize l yo poko fiksye kote y ap fè l non. Men se nan yon otèl nan kapital la. Yon bon kote ki ka pran 300 moun byen alèz.

Rachèl: Kimoun ki prezantatè a?

Danyèl: Ou pa konn tande pale de yon mesye yo rele Robens?

Rachèl: Wi. M konn tande yon non konsa wi. Kimoun li ye?

Danyèl: Mesye sa a gen yon metriz nan maketin ak relasyon piblik. Li se pwofesè nan inivèsite leta a. Li gen yon magazen k ap vann founiti pou lekòl: òdinatè, enprimant, liv, kaye, kreyon, plim, gòm, règ, elatriye. Tout sa w konnen moun k ap etidye ka bezwen, magazen misye a genyen l. Sa vle di misye gen eksperyans lan ak tout konesans lan tou. Se moun konsa ki ka moutre kijan bagay yo fèt. Paske li fè yo tou limenm.

Rachèl: M ap panse pou m fè yon boutik pou m vann rad pou timoun. Konsèy misye yo ka byen ede m. Ki kote pou m pase enskri?

Danyèl: M gen fomilè wi. Pot kòb la ban m epi m ap tou enskri w.

Rachèl: Si m enskri, nou pa fè seminè a, w ap remèt mwen kòb mwen wi!

Danyèl: Kote w jwenn ak bagay sa a? Ou pa konnen lajan ki antre pa soti. Si ta gen difikilte pou l ta fèt nan lè nou te pwograme a, n ap ba w yon lòt randevou. Men m p ap ka ba remèt ou lajan an.

Rachèl: O! yo aprann ou raketè tou?

Danyèl: Se pa raketè non. Se prensip.

Rachèl: M ale papa.

Danyèl: Fòk ou vin enskri a wi!

Rachèl: M ap vini. Pase bon jounen Danyèl!

Danyèl: Mèsi. Pase bon lajounen tou. M ap tann ou pou w vin enskri a.

Rachèl: Pa gen pwoblèm.

Se konsa 2 zanmi yo separe. Yo chak pran chemen yo pou yo al regle zafè yo.

~ * ~

Vocabulario
Yon jou *dimanch – Un domingo
Kouman sa te ye? – ¿Cómo estuvo / ¿Cómo pasó?
***Pwograme** – programa
Disiplin - Disciplina
***Vandredi** - Viernes
Dezèdtan – Dos horas
Pyano – Piano
Abitid - Habito
Tout bagay chanje – Todo cambió
***Gaz** – gas
Kou anglè – Curso de Inglés
Paske *pwofesè lekòl yo te bay *randevou nan jou *samdi a – Porque el profesor de la escuela puso una clase el Sábado.
Prèske - Casi
***Lekti** – Lectura
Ou gen yon bèl *wòb – Tienes un hermoso vestido
Yon bèl vès – Tienes un hermoso traje
***Parapli** – Sombrilla / Paragua: Es un sinónimo de **Parasol**
Konsè - Concierto
Lopital - Hospital
Tansyon – Hipertensión
Chè - Caro
Tenis – Zapatos deportivos
Ministè – Ministro de Educación / Ministerio de Educación
Diplòm – Certificado / Diploma
M pral achte fil pou m fè braslè – Me compraré los hilos para hacerme los brazaletes.
Yon kolonn etranje – Muchos extranjeros: *Yon kolonn / yon pakèt / yon bann son todos sinónimos y significan mucho.*
Plizyè koulè ak plizyè fòm – Varios colores y formas.
***Drapo** - Bandera
Antreprenè - Entrepreneurs
Solisyon - Solución
***Rezoud yon *pwoblèm** – Resolver un problema.
Kanpe pwòp antrepriz yo wi – Establecer tu propio negocio / compañía.
Teknik – Técnica / Estrategia
Pou m abòde moun – Para abordar / dirigirte a las personas

*Ofri - Oferta

*Moutre - Mostrar : Otra forma de montre.

* Nesesite - Necesidad

Ou enskri pou 500 goud - Te inscribes con 500 gouds

Rezève - Reservado

Materyèl ak founiti - Materiales y herramientas

Envite - Invitar

*Regrèt - Lamentar(se)

Ki dat menm l ap fèt? - ¿Cuál es la fecha exacta?

Ankouraje - Animar / Alentar

W ap ka vin gratis - Podrías venir gratis

*Devlope - Desarrollar

M pral demele m - Daré lo mejor de mi / Haré lo mejor que pueda / Me voy a matar para conseguirlo.

Òganize - Organizar

*Fiksye - Reparar

*Kapital - Capital

Yon metriz - Una maestría / Especialización

*Relasyon *piblik - Relaciones Publicas

*Òdinatè -Computadora / Ordenador

*Enprimant - Printer / Impresora

*Kaye - Cuaderno / Mascota

Kreyon - Crayones / Lápices de colores

Plim - Lapicero

Gòm - Borrador

*Règ - Regla

Eksperyans - Experiencia

Boutik - Tienda / Boutique

M gen fomilè wi - Ya tengo el formulario.

Ou pa konnen lajan ki antre pa soti -? Sabes, el dinero que entra, no sale. Es una expresión Haitiana diciendo que el dinero que pagas, ya no lo veras de nuevo.

O! Yo aprann ou raketè tou - Oh! Ellos también pensaron que eres un chantajista.

Se prensip - Son los principios / Es la regla

*Fòm - Forma

: Por Favor, Repasa *Aprenda Creol Haitiano Volumen 1.* Repasa la seccion de Notas Gramaticales, asegurandote de dominarlas adjunto de los vocabularios.

Lavi yon Papa Pitit
La vida de un Padre

Nono soti nan katye kote li te rete a pou l al abite nan yon lòt katye. Lè l rive nan lòt katye a, li pot ko gen zanmi. Konsa, yon jou pandan l ap pwonmennen, li kontre ak Youri ki se yon jenn gason ki leve nan katye a. Nono ak Youri koumanse pale konsa:

Nono: Bonjou mesye.

Youri: Bonjou. Kouman w ye?

Nono: Mwen byen mèsi. E oumenm?

Youri : Mwen anfòm.

Nono : Se yon bèl apremidi. Ou pa panse sa?

Youri : Wi. Apremidi a bèl vre wi. Sitou gen yon bon ti van k ap vante. Epi lè solèy pral kouche, katye sa a bèl anpil!

Nono : Ou genlè fèk vin rete nan zòn nan?

Youri : Wi. Nou pa gen anpil tan depi mwen ak tout fanmi m vin abite isit la non.

Nono : Se vre ! Ou pa sanble yon moun m konn gen abitid wè vre. Bon ! Mwen te byen kontan wè w. Byenvini nan katye a !

Youri : Mèsi. M remake se pa katye a sèlman ki bèl, menm moun ki ladan l yo renmen pran ka moun tou.

Nono: M byen kontan w renmen zòn nan.

Youri: Sanble w gen anpil tan nan katye a oumenm?

Nono: Wi. Anpil tan. Tout paran m yo leve nan katye sa a. Epi se la m fèt tou. Depi m ti katkat, se la a m rete. Tout moun nan zòn nan rekonèt mwen epi m konnen yo tou.

Youri : Mwen rele Youri. E oumenm?

Nono: Mwen rele Nono. Depi w mande nenpòt moun nan zòn nan, pa gen ladan yo k ap di w yo pa rekonèt mwen sof sa ki ta fenk vin rete nan katye a.

Youri : Mwen byen renmen sa. Yo di vwazinaj se fanmi. Kidonk li toujou bon lè yon moun gen vwazen wi. Epi sitou si nou te leve ansanm. Ou janm al pase detwa jou lòt kote?

Nono : Wi. M konn al plizyè lòt kote pou vakans mwen yo wi. Men se matant ak tonton m gen nan zòn sa yo. Yo renmen lè m al pase vakans ak yo. Epi se yon plezi pou m bò kote kouzen ak kouzin mwen yo. E oumenm?

Youri : Mwen pase nan plizyè katye mwen menm. M poko gen kay pa m. Sa fè m toujou ap chache kay pou m afèmen. Pafwa m oblije kite kay kote m rete paske m pa renmen zòn nan oswa mèt kay la pa vle kontinye lwe m kay la. Li pa fasil pou mwen ditou. Mèt kay yo konn frekan tou. Se pou sa ki fè prèske chak ane m nan yon katye diferan.

Nono : Oups ! pwoblèm. Mwen swete w pa jwenn ka sa yo nan katye sa a.

Youri : Mwen swete sa tou.

Konsa telefòn Youri a sonnen.

Youri : Eskize m wi. Se pitit gason m lan.

Nono : Pa gen dange.

Youri : Alo

Pitit gason : Bonswa papa.

Youri : Bonswa pitit mwen. Kouman sa ye?

Pitit gason : Mwen byen wi. E pou ou?

Youri : Mwen trankil. Di m non, kisa ki pase?

Pitit gason : Anyen non. M antre lakay la depi yon bon moman. Mwen pa wè w. M mande manman m pou ou, li di m ou soti. M te vle pale ak ou. Mwen rele w.

Youri : Ok. M pa lwen non. M tou pre a la a m ap pale ak yon zanmi. Kisa w ap fè la a oumenm?

Pitit gason : M ap repase leson m yo. Paske m ap gen egzamen nan semenn k ap vini an.

Youri: Kot manman w ak Lizèt.

Pitit gason : Yo la wi.

Youri : Ou manje deja?

Pitit gason : Wi. M gentan manje wi.

Youri : Kisa manman w ap fè la a?

Pitit gason : L ap bale. L ap netwaye lakou a.

Youri : E Lizèt, kisa w wè l ap fè?

Pitit gason: M wè l nan salon an. L ap pale nan telefòn. Òdinatè li a limen epi gen liv ak kaye kote l la. Li genlè ap fè yon devwa. M te tande l t ap pale manman de yon ekspoze li gen pou l fè demen. Sanble se li l ap prepare tou.

Youri : ok. M ap vini talè. Kontinye etidye.

Pitit gason : Kisa w ap pot pou mwen lè w vini?

Youri: Kisa w ta renmen m pot pou ou lè m ap vini?

Pitit gason : vin ak pen ak krèm ak bonbon. E e...epi vin ak Sik pou n ka fè ji. Paske m wè manmi vin ak anpil zoranj sot nan mache jodi a.

Youri: Si n ap fè ji apremidi a, m pa bezwen vin ak krèm ankò. Kisa w panse?

Pitit gason : Krèm lan pa pou mwen non. Se pou yon ti zanmi m ki rete dèyè lakay la wi. M ap ba li l.

Youri : Ok. M ap vin ak sa w di m yo. Di moun yo m ap vin talè.

Pitit gason: Ok. Babay Papi.

Youri: Babay.

Youri rakroche telefòn nan epi l rekoumanse pale ak Nono.

Youri: Eskize m ankò wi.

Nono: Se pa grav.

Youri: Pitit gason m sa a!

Youri souri pandan l ap souke tèt li. Vizaj li vin plen ak lajwa epi l met de men l nan pòch li tankou moun ki fyè de tèt li. Nono ki remake sa, li fè yon ti souri tou. Paske sa fè l plezi wè kè moun kontan.

Nono : Ou sanble renmen l anpil?

Youri : Wi. Mwen renmen l anpil, ni pitit fi m lan tou. Mwen ak madanm mwen, Bondye ban nou de bon timoun. Se pi gwo kado Bondye te ka fè nou.

Nono : Wi. M konn wè jan papi kontan lè l avè nou lakay la tou. Sa fè m konprann gen pitit sanble yon bèl bagay.

Youri : Ou pa ta imajine sa ! Se tankou w wè oumenm ankò, lè w ap gade yo. Fason yo ye ak ou rann lavi w fasil. Lè bagay yo difisil, depi m panse ak yo sèlman, m reprann fòs ankò. Se tankou lavi a gen yon lòt rezon pou viv li.

Nono gade Youri k ap souri pandan l ap pale a. Youri menm fèmen de zye l pou di sa l santi. L ap di sa ak yon pasyon. Ou santi se viv l ap viv. Lajwa li a tèlman anpil ou ka santi l menm jan w santi yon chalè dife.

Nono : M panse w pral pase yon bon sware ak yo lè w rive.

Youri: wi. Se yon plezi wi lè m nan kay la. Chak swa, nou toujou chache yon bagay pou nou fè ansanm. Aswè a menm, se ji nou pral fè. Se de kont de. Mwen ak pitit gason m lan pral fè yon ji. Epi madanm mwen ak pitit fi m lan pral fè youn tou. Epi n ap wè sa ki pi bon. Pafwa se manje nou fè. Sa ki pi gou a, ekip li a genyen. Epi lòt ekip la ap felisite l. Lè fini, ekip ki pèdi a ap fè sa lòt la mande a.

Nono : Waw ! Sa a bèl. Medàm yo konn kite nou genyen yo?

Youri : Se pa fasil. Yon lè konsa nou genyen.

Nono : Kisa yo konn fè n fè lè n pèdi?

Youri : Medàm sa yo renmen fè nou danse oswa yo fè nou lave tout veso yo. Men lè n genyen tou, nou fè yo netwaye lakou a.

Nono : Bèl bagay ! E kimoun ki jij nan lè n ap fè konkou sa yo?

Youri : Pafwa se nou ankò. Pafwa se yon zanmi nou envite. Kisa w ap fè aswè a?

Nono: M poko gen anyen ki pwograme non.

Youri : Enben vin lakay la. W a byen fè jij. Moun lakay yo ap byen kontan. Men yo pa p vle se yon gason sèlman ki jij. Ou pa gen sè.

Nono: Wi, ti sè m nan la wi.

Youri : Ok m ap byen kontan si nou vini lakay la pou moman sa.

Nono : Ki kote kay ou a ye la?

Youri : Gade ! Depi w fin kite kafou sa a. Kay blanch ki gen baryè nwa a, se kay mwen.

Nono : Pa gen pwoblèm. Mwen menm, se devan lakay mwen nou ye la a. Kay krè m ki lòtbò lari a, se kay nou an.

Youri : Ok Nono, kite m al achte bagay yo. M ap tann ou wi !

Nono : Wi. Mwen ak ti sè m nan pral lakay ou talè konsa.

Youri : Enben n ap wè talè.

Nono: Orevwa mesye Youri.

Se konsa Youri deplase ak kè kontan pou l al nan makèt la. Li pral achte bagay yo pou l al pote lakay li. Nono, limenm leve, li travèse lari a pou l al lakay li a. Li vle gentan bay ti sè l la nouvèl la anvan l soti al fè yon lòt bagay.

~ * ~

Vocabulario

Li pot ko gen zanmi – El aun no tenía amigos. *Pot ko es el pasado (pa te ko): para que se escuche mejor se quita la e y se pronuncia formando el pasado y Po ko presente, significan aun / todavía.*

Pwonmennen – Dar una caminata / Ir de paseo a pies

***Vante** – Soplar

***Alo** – Hola

Epi lè solèy pral kouche – Es cuando el sol se está acostando / Al caer la tarde / A la puesta del sol.

Byenvini nan katye a – Bienvenido al barrio / vecindario

Remake – Notar / Darse cuenta

Depi m ti katkat, se la a m rete – Desde que era pequeño he vivido aquí. **Ti katkat** es lo mismo que **ti bebe***.

Yo di *vwazinaj se fanmi – Dicen que los vecinos son familia'

Ou pa janm al pase de twa jou lòt kote - Nunca has ido a pasar dos o tres Dias en otro lugar.

Matant - Tía

Afèmen - Prestar

Mèt kay yo konn frekan tou - El dueño tiende a ser fresco / irrespetuoso también.

M ap repase leson m yo - Estoy repasando mis lecciones.

L ap bale. L ap *netwaye lakou a - Ella está barriendo. Ella está limpiando el patio.

* Krèm - Crema

Epi vin ak *Sik pou n ka fè *ji - Así que, ven con azúcar para preparar el jugo.

*Zoranj - Naranja / China.

Rakroche * telefòn - Cuelga el teléfono

Souke tèt li - Mover la cabeza / sacudir la cabeza.

Vizaj li vin plen ak lajwa - Su cara se llenó de gozo. Una expresión para indicar el gozo o regocijo de alguien.

Moun ki fyè de tèt li - Personas que están orgullosas de ellos mismos.

Souri - Sonríe.

Kado - Presente / Regalo.

Fason yo ye ak ou rann *lavi w fasil - De la forma que son contigo, te hacen la vida más fácil.

M reprann fòs ankò - Recobré mis fuerzas otra vez.

Fèmen de zye l - Cierra ambos ojos

*Pasyon - Pasión

*Chalè *dife - Calentador / Calefacción.

Se de kont de - Dos contra dos

Felisite - Felicidades

Lave tout veso yo - Lava los platos / Limpia todos los platos.

E kimoun ki *jij nan lè n ap fè *konkou sa yo - ¿Y quién es el juez cuando estamos haciendo estas cosas? / ¿Y quién está presente cuando hacemos eso?

Depi w fin kite kafou sa a - Desde que pases esa luz de transito / Desde que pases el semáforo.

*Nouvèl - Noticias

*Bonswa - Buenas tardes / Buenas noches

*Ekspoze - Exponer

~ * ~

: Por Favor, Repasa *Aprenda Creol Haitiano Volumen 1.*

Repasa la seccion de Notas Gramaticales, asegurandote de dominarlas adjunto de los vocabularios

UNIDAD ONCE
Rèv yon Papa
El sueño de un Padre

Lisa ak Rene se de moun k ap travay nan yon otèl. Lisa se yon kizinyè epi Rene se yon jadinye. Se li k ap pran swen flè, gazon, ak tout pyebwa ki nan lakou lotèl la. Yo rankontre nan kizin nan pandan Rene vin chache zouti li nan depo a. Yon tonbe pale de tout bagay.

Lisa : O ! Rene ! ou matinal wi ! Ki mirak m wè w la a granm maten sa a?

Rene : Aaa... Ou sezi ! Se mwen ki pou mande w kouman w fè la a bonè konsa. Paske se ou ki pa konn vin la a nan lè sa yo.

Lisa : M pat konn vin bonè vre non. Men ou konnen se vakans, gen anpil moun ki fè rezèvasyon yo. Epi lotèl la ap resevwa anpil gwoup nan peryòd sa a. Yo mande m vin travay pi bonè pou yo ka fè planifikasyon epi kontwole ak mwen sa ki disponib epi sa pou yo achte.

Rene : Konsa wi ! Depi se vakans, tout aktivite ogmante. Kouman w ye? E lòt yo?

Lisa: Tout moun byen ak Bondye. Pou mwen, ou konnen... M ap fè efò ! E pou ou?

Rene : Mwen byen tou wi. Li gentan ap fè lapli deyò a wi.

Lisa : Pa ban m ! M te wè tan an pare vre lè m t ap antre a. Men m pat panse lapli a t ap tonbe non. Lapli pa konn tonbe konsa nan moman sa yo non. Sa k dwe pase la a?

Rene : Bondye ki konnen. Li bay lapli lè l vle. Mwen byen kontan se ti lapli a nou genyen. Li byen pou peyizan yo ak jaden otèl la. M p ap bezwen ap wouze yo. M ap pwofite bay gazon an angrè pou l ka vin vèt epi pou l ka grandi byen vit.

Lisa: Moman ki sot pase a, te gen yon sechrès ki te rèd anpil wi nan peyi a. Pousyè t ap fè moun eksplikasyon. Epi m tande peyizan yo t ap rele nan radyo pou yo di jan rekòt yo pèdi.

Rene : Sa m renmen nan peyi sa a, se yon moman pa gen lapli, li fè chalè. Apresa lapli pran tonbe epi li vin fè frèt.

Lisa : Ki fè frèt? Ou pa tande pale de lòt peyi yo. Lè l fè frèt nan peyi sa yo, menm krache w krache, avan l rive atè l gentan tounen glas. Tout pyebwa tounen fèy. Yo di ata lekòl moun konn pa ka ale tèlman fredi a rèd.

Rene : Bagay la di ! Si nèj te konn tonbe nan peyi Ayiti, kisa w t ap fè?

Lisa : Bon ! M t ap chache yon jan pou m viv nan peyi a kanmenm paske se peyi m li ye. M t ap oblije achte gwo rad. M panse moun pa t ap ka mache a pye nan peyi a tou non. Tout moun t ap oblije gen machin oswa yo t ap oblije mete lòt fòm bis pou moun te ka pran. Moun pa t ap ka itilize kamyonèt pou fè transpò tou non. Paske fredi sa t ap fin touye moun.

Rene : Pandan n ap pale a, m ta dwe al achte angrè a wi. Si m te gen parapli, m t ap al achte l koulye a. Si w te bon zanmi m, m tap tou mande w prete pa w la.

Lisa : Se tout pawòl sa yo pou w di pou w mande m prete yon parapli? Bon ! kòm ou di m pa zanmi w, m p ap prete w. Epi m pa genyen tou. Si Lwiz te la, m t ap mande l prete pa l la pou ou. Madanm sa a toujou prepare. Depi l fin gad meteyo nan maten, li tou pran tout afè l.

Rene : M konn sa ! Depi w te ka fè yon bagay, ou t ap fè l. Se bon zanmi m ou ye, pa vre?

Lisa : M tande y ap di w gen yon pitit ou k ap gradye. Kisa w ap fè la a? Ou pral fè fèt lakay ou la?

Rene : Wi dezyèm pitit gason m lan ap gradye nan mwa k ap vini an. L ap soti nan lekòl segondè pou l al nan inivèsite. Si m te gen lajan, m t ap achte yon gwo kado pou misye. Si l te gentan gen paspò tou, m t ap achte yon viza pou li. M t ap voye l al pase yon mwa ak matant li lòtbò dlo.

Lisa : Kisa l pral etidye la a?

Rene : Li di m li ta renmen vin yon medsen. Etidye medsin nan peyi sa a, se pa kaka kòk non! Si yon moun pa ka antre nan inivèsite leta a, li oblije al nan prive si l gen kòb. Oswa l ka kite peyi a tou. Men, si l gen kòb oswa l ta jwenn yon bous.

Lisa : Si w ta gen ase lajan, ou t ap voye l al etidye nan inivèsite prive oswa w t ap voye nan peyi etranje.

Rene : Tout posibilite ki devan m yo gen pwoblèm ladan li. Se opsyon leta a ki t ap bon pou mwen. Men se nan konkou pou moun nan antre nan lakòl leta. Si m te gentan lajan, m t ap kite l etidye nan peyi a pito. Paske se vre ke li t ap jwenn plis teknoloji, li t ap jwenn lòt opòtinite, men si l ap tounen vin viv nan peyi a, l ap difisil pou yo ba li validasyon pou pyès li yo epi asepte l fè estaj epi travay. Anplis, m pa konn sa k pral fè vrèman. M pa gen moun k ap viv nan peyi etranje. Pa gen anyen ki di li p ap al tonbe nan tout vye vis olye se etidye l al etidye.

Lisa : Wi ! mwen dakò ak ou wi. Ou pa ka kite pèrèz pa w anpeche ti gason an pran desizyon li. Kòm mwen konnen se yon ti gason ki entèlijan li ka byen bon nan konkou a. Mwen byen renmen l. Li enteresan. Si m te gen mwayen m t ap ede w prepare yon bèl fèt pou li. Epi si m t ap gen tan, se mwen ki t ap nan kuizin nan fèt w ap fè pou li a.

Rene : M poko di l anyen non pou gradyasyon an. M pito fè l sipriz la pito. Si m di l sa, l ap manke. M poko chita pale ak li sou kote l pral etidye a tou non. Paske si m gentan di l m p ap gen kòb pou m mete l nan lekòl prive, li ka dekouraje. M ap tann tout bagay fini pou m ka di l sa m ka fè pou li.

Lisa : Ou byen fè. Bagay yo se youn apre lòt. Kou l fin ak etid sa yo w ap pale l de kapasite w. Men m panse l ase gran pou l konprann sa w ka fè ak sa w pa ka fè.

Rene : Pitit mwen se bank mwen yo ye. M ap envesti tout sa m genyen pou m fè yo vin sa yo ta renmen devni an. Men si se pat lekòl prive m t ap peye pou yo depi nan primè, m t ap gentan gen lajan sere pou m ta mete yo nan gwo inivèsite nan peyi a. M t ap menm ka voye yo etidye lòtbò.

Lisa : Mwen byen renmen paran ki gen sousi pou pitit yo, men gen pitit ki pa konprann sa non. Yo bay pwoblèm, yo pa respekte moun. Menmsi sa, pito w gen pitit tan w pa genyen. Paske si m pat gen pitit, m pa t ap janm ka al vizite peyi etranje. Se yo ki prepare tout bagay epi achte tikè, achte rad,.. tout bagay.

Rene: Kite m al achte angrè a tande. Paske m pito mouye pandan m pral achte angrè a pase pou m pa pwofite lapli a. M swete w fè tout sa k kapab pou w vin nan gradyasyon an. Menmsi w pa ta rete. L ap byen fè m plezi wè gen kòlèg ak bon zanmi mwen nan fèt la.

Lisa : Ale non. M ap gad pou m wè sa m ka fè. M panse li lè pou m pase nan biwo sipèvizè a, pou m ka koumanse pare bagay yo. M panse l gentan vini koulye a.

Rene : N ap wè talè Lisa.

Lisa : Non. M pa kwè n ap wè pou jounen an non. M pral achte ak moun yo apre reyinyon an. M ap pase tout jounen an nan lari.

Rene : Enben, n ap pale demen si Bondye vle.

Lisa : Ok. Salye tout moun pou mwen.

Rene soti anba lapli a pou l al achte angrè a epi Lisa al nan biwo pou l al pale ak dirijan yo.

~ * ~

Vocabulario
Yon kizinyè – Un cocinero
Jadinye – Jardinero
Se li k ap pran swen *flè – Él es quien cuida las flores
Kizin - Cocina

Rene vin chache *zouti li nan depo a - Rene vino a buscar sus herramientas al depósito.

Ou matinal wi ! - Eres una persona que se levanta temprano

Rezèvasyon yo - reservaciones

Epi otèl la ap resevwa anpil *gwoup nan peryòd sa a - Entonces, el hotel recibe muchos grupos en ese periodo.

Pi bonè - Más temprano

Fè planifikasyon - Hacer planes

Kontwole - Control

Disponib - Disponible

Tout aktivite *ogmante - Todas las actividades aumentan.

M te wè tan an pare vre lè m t ap antre a - Vi la temperatura bien cuando llegué / La temperatura parecía bien cuando llegué.

Sa k dwe pase la a - ¿Qué pasó? / ¿Qué pudo haber pasado?

*Peyizan yo ak jaden otèl la - Compatriotas y el jardín del hotel.

M p ap bezwen ap *wouze - No necesitaré regar / No necesito echarle agua.

M ap pwofite bay gazon an angrè pou l ka vin vèt epi pou l ka grandi byen vit - Aprovecho eso para fertilizar la grama así puede crecer verde rápido.

Sechrès - Sequia

*Pousyè t ap fè moun eksplikasyon - El polvo molestaba a todo el mundo.

*Radyo - Radio

Rekòt yo pèdi - Las cosechas se perdieron

Li fè chalè - Hace calor / Esta caliente

Li vin fè frèt - Hace una briza fresca / Hace fresco

Menm krache w krache - Aun cuando escupes

Anvan l rive atè l gentan tounen glas - Antes de tocar el suelo se convierte en hielo.

Tout pyebwa jete fèy - Todos los arboles pierden sus hojas / Se can las hojas de los árboles.

Yo di ata - Aun dicen / Hasta dicen

Fredi a rèd - El frio empeora

Bagay la di - Las cosas son duras / difíciles

*Nèj - Nieve

Mache a pye - Caminar a pie

*Posibilite - Posibilidad

Transpò - transporte

Paske fredi t ap fin touye moun – Porque el frio estaba matando a las personas.

***Prete** – Prestar / Tomar prestado

***Pawòl** – Palabra

***Madanm sa a toujou prepare** – Esa mujer siempre esta lista / preparada.

Gad *meteyo – Mira meteorología / Mira el canal de meteorología.

Dezyèm – Segundo: Número ordinal.

Paspò – Pasaporte

Viza - Visa

Lòtbò dlo – En el extranjero.

Se pa *kaka kòk non – No es un juego / No es bromeado.

*Prive** – Privado

***Ase** – Suficiente

Opsyon - Opción

Men se nan konkou pou moun antre nan lakòl leta – Pero es a través de concurso que se entra en la universidad del estado / Universidad pública.

Opòtinite – Oportunidad

Ba li validasyon pou pyès li yo – Validar sus documentos

Tonbe nan tout *vye vis – Caer en todo tipo de viejos vicios / Malos hábitos.

Mwen dakò ak ou wi – Estoy bien de acuerdo contigo.

Pèrèz – Holganza / Miedo / Temor

Anpeche – Poner en peligro / Detener

Entèlijan – Inteligente

Li enteresan – El está interesado / Le interesa

***Kizin** - Cocina

M pito fè l sipriz la pito – Prefiero sorprenderlo

Li ka dekouraje – Podría estar abatido

Pitit mwen se *bank mwen yo ye – Mis hijos son mi banco / Los hijos son el futuro.

Envesti – Invertir / Inversión

Devni - Convertirse

***Sousi** – Preocuparse / Preocupación

***Biwo** – Oficina

Sipèvizè – Supervisor

Kwè – Creer / Confiar

Reyinyon an – La reunión

M p ap manke. Mèsi. – No faltaré. Gracias

*Dirijan** – Líder / Dirigente

> *__Glas__ – Hielo
> __Grandi__ – Crecer

: **P**or Favor, Repasa *Aprenda Creol Haitiano Volumen 1.* Repasa la seccion de Notas Gramaticales, asegurandote de dominarlas adjunto de los vocabularios.

Yon maten
Una mañana

Alex se yon jenn gason ki leve nan yon fanmi kote moun respekte tèt yo. Tout paran l yo ap travay ak tèt yo. Men li menm, deside pa travay ak moun nan fanmi li. Konsa, yon jou, li leve nan kabann li nan maten, li pran chemen kizin nan pou l al chache yon bagay pou l manje. Li kontre ak frè li Alix, nan koulwa a epi yo koumanse pale.

Alex: O ! apa w gentan abiye? ki kote w prale la a granm maten sa a?

Alix: Mwen gen randevou ak yon moun ki pral moutre m yon kote.

Alex: Kouman nwit lan te ye pou ou?

Alix : Li te byen wi. E pou ou?

Alex : Aa ! m pase yon move nwit.

Alix : Sa k pase menm?

Alex : Monchè ! nèg pa t ka dòmi. M t ap panse sa m pral fè nan tan k ap vini yo. Epi kou yon ti dòmi vin nan zye m la a, m tonbe fè move rèv.

Alix: Oups! M pa renmen move rèv non mwen menm.

Alex: Ni mwen tou.

Alix: Sa k pwoblèm nan, se pa move rèv la non. Se paske w pa ka reveye lè w ap fè l la.

Alex : Lè yon moun nan ka sa a vre, si w te kapab ou t ap tou reveye wi. Se domaj ou p ap kapab !

Alix : Bon ! Gen yon bagay ki pi rèd. Se lè w fin eseye nan move rèv la, ou pa anvi dòmi ankò. Sitou si chanm lan fè nwa epi w poukont ou ladan l.

Alex : Gen de lè m konn santi se nan dòmi m ye, men m pa ka reveye tèt mwen non.

Alix : Se sa k fè w leve ta konsa jodi a?

Alex : Ki lè l ye la a?

Alix : Li 8 è. Ou pa tande y ap moute drapo.

Alex : Waw ! Epi m te bezwen leve bonè jodi a wi. Franchman m panse se 6 è yo li ye wi.

Alix : Enben... Dòmi twonpe w. Si m te konnen w t ap bezwen leve bonè maten an, m t ap reveye w byen bonè, depi bò 5 è a menm. Kisa w t ap pral fè menm ki fè w te vle leve bonè a?

Alex : Monchè ! m te vle gentan fè yon pase nan magazen an kote tonton m nan anvan m al nan travay.

Alix : Kisa w fè tonton m?

Alex : Mwen bezwen antre nan fè komès pito. Mwen anvi envesti nan lajan m genyen labank lan pou m ka fè sa. Men m bezwen tande konsèy tonton m anvan m fè sa. Paske w konnen li nan domèn nan lontan.

Alix : Kouman? W ap kite travay la?

Alex : Monchè ! M gen 2 lide. M anvi kite l nèt pou m al fè komès oubyen nenpòt aktivite pa m. Epi m anvi envesti lajan nan komès yon moun epi m kontinye nan travay la.

Alix: Tou 2 lide yo bon. Sof ke se yon sèl ou sanble ka fè. Kisa w deside menm?

Alex : Se sa k fè m ap panse anpil la wi. Mwen poko wè kiyès nan yo pou m fè non.

Alix : Kite m di w ! Ret trankil epi w ap jwenn sa pou w fè.

Alex : Talè ! Kisa w konseye m menm, oumenm?

Alix: Si se te mwen, m t ap kite travay la pou m al fè aktivite pa m pito. Ou gen yon pakèt atou. Ou gen kòb la, menmsi l pa anpil, epi w gen fanmi w ki nan domèn nan depi lontan. Epi w genyen m la a, pou ka ba w kout men. Kisa w bezwen ankò?

Alex : M dakò. Men gen yon pakèt bagay m pa konnen. Epi m pa menm konnen si y ap mache. Anplis, m pa ta renmen pèdi ti kòb mwen an.

Alix: M konprann ou! Men w pa ka kite pèrèz fin avè w tou non. Sèl fason pou w vrèman konnen si yon bagay ap mache, se fè l.

Alex : E si m koute lòt lide a? Sa w panse?

Alix : Li pa mal tou non. Men, jan m konnen w pa renmen leve bonè nan kabann ! Ou p ap ka al nan travay lè w vle nan travay moun yo. Tandike si se afè pa w, ou ka ale lè w vle. Anplis ou poko konnen si gen moun k ap asepte pran lajan w nan aktivite yo. Sof si w ta kreye aktivite a epi w ta mete yon moun travay ladan l pou ou. Ki aktivite w pi enterese kreye menm?

Alex : Mwen ta renmen fè yon depo kola. Mwen t ap pral achte nan konpayi a an gwo epi m t ap vin vann an detay ak moun zòn nan.

Alix: Si m te ou, m t ap vann byè tou. Paske moun renmen bwè l nan tout aktivite y ap fè, kit se te nan fèt, nan antèman, osinon lakay yo. Ou te ka vann li glase tou pou si ta gen moun ki ta renmen vin bwè nan boutik la tou.

Alex : Se pa boutik non m ap fè a, se depo. Mwen p ap fè boutik, ni ba, paske m pa renmen bwi epi m pa vle moun vin ap pale nan zòrèy mwen. Epi fòk mwen kite pou moun ki achte pa kès yo ka gen kliyan tou.

Alix: ok! Fè l non. Mwen gentan wè sa m pral fè tou. Ou konnen ! si m gentan konnen w te entèrese ak sa, m t ap gentan chache yon kontak pou ou wi. Ou t ap achte ak yon bon pri epi m t ap fè w jwenn yon bon pozisyon pou w mete depo a, paske m te wè yon kay yo t ap anfèmen sou lari a, tou pre a la a.

Alex : Ou pa konnen si yo gentan anfèmen l?

Alix : Non. Mwen pa konnen non. Kou m soti la a, m ap pase bò kote a la pou m wè si ansèy la toujou la.

Alex : Si w te ka jwenn ni mèt li oswa moun k ap anfèmen l lan, ou ta tou mande konbyen yo mande pou yon ane a.

Alix : Mwen te wè yon nimewo telefòn nan ansèy la tou wi. Menm si m pa ta jwenn moun ki pou ta ban m enfòmasyon, m ap rele nan telefòn pou m mande.

Alex : L ap bon ! mèsi frè m. Pa bliye non.

Alix : Pa gen pwoblèm non. Mwen soti wi. M ap di w sa k pase pita. Gen manje sou dife a wi pou si w ta vle pran yon bagay anvan w soti.

Alex : Ou te gentan fè manje tou !

Alix : Menwi.

Alex : Mèsi. M mèt soti ak kle a oswa met kle a kay vwazin lan?

Alix: M panse w ka soti ak li paske m p ap antre bonè apremidi a.

Alex: Ok.

Alix soti al nan aktivite l epi Alex al prepare l pou l al travay.

~ * ~

Vocabulario
Kote moun respekte tèt yo – Donde las personas se respetan.
Granm *maten* - *Madrugada*
Move rèv – Pesadilla
Reveye – Despertarse
Se domaj ou p ap kapab ! – Es una pena que no puedas.
Ou pa tande y ap moute drapo -? ¿No escuchas que están alzando la bandera?
Franchman – Francamente
Dòmi twonpe w – El sueño te engañó / Te cogió el sueño.
Fè yon pase nan magazen – Visitar la tienda / Ir de compras
Li nan domèn nan – El está en la misma área de expertos
*****Enterese** – Interés
*****Konseye** – Consejo / Sugerencia
Lide – idea
Ret trankil – Estar tranquilo / calmado
Tandike si se afè pa w – A decir que sea tu cosa / tu area.
Ki aktivite w pi enterese kreye menm? ¿Qué actividades te

interesa crear más?

Depo kola – Deposito de Cola / Coca cola.

Antèman - Entierro

*Bwi – Ruido

Anfèmen - Rentar

Ansèy - Firmar

Gen manje sou dife a – Hay comida en la estufa.

Ou te gentan fè *manje tou !? ¿Te dio tiempo para cocinar? / ¿Tuviste tiempo para cocinar?

*Vwazin – Vecino

*Komès – Comercio / Negocio

*Pri – Precio

: **P**or Favor, Repasa *Aprenda Creol Haitiano Volumen 1.* Repasa la seccion de Notas Gramaticales, asegurandote de dominarlas adjunto de los vocabularios.

UNIDAD TRECE
Rara
Música Rara

Gabi se yon jenn gason ki leve lavil. Li pa konn anyen nan bagay andeyò. Se di y ap di l jan bagay yo ye lòtbò a. Yon jou, li kontre ak Sonn, yon lòt jenn gason ki se kouzen l, ki vin pase konje pak la ak li. Li pwofite pale ak li, mande l jan bagay yo ye andeyò.

Gabi: Kouzen, kouman nèg ye?

Sonn: Trankil wi kouzen. E pou ou, kouman sa ye?

Gabi : Tout bagay anfòm wi. N ap frape, n ap goumen.

Sonn: Se sa l ye wi. Nou pa gen chwa non. Peyi sa a, yon nèg oblije goumen ladan l wi.

Gabi : Pale m non, kouman bagay yo ye andeyò a pou moman an la a?

Sonn : Tout bagay byen. Tout moun ap fè aktivite yo. Sa k ka fè jaden ap fè jaden. Sa k ap vann ap vann. Moun ap fèt, moun ap mouri.

Yo tonbe ri. Epi youn bay lòt lanmen.

Gabi: M raple m premye fwa m t al andeyò, ane ki sot pase a, se te nan menm peryòd sa a. M pa regrèt moman an menm. Te gen anpil plezi. M te sezi wè jan moun yo òganize yo. Epi m te renmen rara a anpil.

Sonn: Zafè rara a, se yon lòt bagay vre wi!

Gabi: M konn wè rara nan vil la. Pa egzanp, lè gen manifestasyon, lè gen gwo ekip foutbòl ki gen anpil fanatik chanpyon nan mondyal. Men bann rara mwen wè andeyò yo, se yon bagay apa!

Sonn: Wi. Rara a nan san nou kòm ayisyen sitou pou moun ki ret andeyò yo. Men yo menm, yo gen jan pa yo fè l.

Gabi: Men, m ap mande m si nan tout vil pwovens yo ki gen rara.

Sonn : Sa ka rive gen rara nan tout peyi a. Men gen kèk kote ki gen gwo repitasyon pou zafè rara a. Lè w pran Bèlè, nan Pòtoprens, Leyogàn, nan depatman lwès, ak ti rivyè latibonit, nan depatman latibonit. Se la yo ki gen sa yo rele rara a.

Gabi : Nan kote sa yo, ki kote rara a plis mare ak kilti nou? M vle pale de kote rara a pi orijinal.

Sonn : Se sa nan ti rivyè latibonit lan. Paske moun yo pote sa yo plante nan lokalite kote y ap evolye a nan defile a. Gen yon kolonn majorèt ki pote bagay tankou berejèn, joumou, mayi, pwa, tout sa yo plante, de tout sa yo viv, nan men yo devan bann nan lè l ap pase.

Gabi : Sa Bèlè ak lòt zòn nan kapital la, lè se pa manifestasyon, yo sèlman pase pou yo anime, mete plezi. Men m pa konn wè majorèt non.

Sonn : Sa Leyogàn nan li menm, yo di se preske fanfa li ye. Yo plis itilize enstriman a van ki soti nan peyi etranje pou mete ladan l.

Babel : Ban m plis enfòmasyon sou bann rara latibonit yo. Kouman yo fè bann yo menm?

Sonn: Gen plizyè kalite bann rara. Tankou gen konpa. Se bann ki jwe ak banbou, tanbou, kès, ak ti banbou. Sa vle di, gwo bann yo pa gen sa a. W ap jwenn tou bann " ak plak", plis sa l gen, se mizik a van. Ladan l, ou jwenn twonpèt, saksofòn, se sa yo ki bal plis chalè.

Gabi : An an ! Yo pa gen kònè non yo menm?

Sonn: Non. Yo genyen yon bagay ki rele piston.

Gabi: Piston! Kouman piston an ye limenm?

Sonn: Bon! Piston an li menm, se menm jan ak kònè a, men yo pa gen menm son. Se piston an sèlman yo itilize nan bagay a tòl yo nan bann sa a. M vle pale de bann a plak yo. Men bann a kònè a, li gen kònè nèt. Ou ka jwenn nenpòt 5 kònè ladan l.

Gabi: Epi yo gen tanbou tou?

Sonn: wi. Yo gen pè tanbou. Yon manman ak yon segondè. Manman an pi gwo. Se li k ap foule.

Gabi: Kouman l ap foule a?

Sonn: Lè m di foule a, tankou lè y ap jwe batri, èske nèg la pa gen yon senbal anba pye l?

Gabi : Wi, egzakteman.

Sonn : Enben se konsa. Manman tanbou a la pou l foule. Pou l kenbe rit la, pou l mete yon gwouv nan sa y ap fè a.

Gabi : E bann a pye a limenm?

Sonn : Bon ! bann sa a limenm, nou kapab di li san enstriman. Men yo gen yon jan yo fè l. Se men yo, pye yo ak chante y ap chante a ki fè l. Pye yo al sou ton. Pye yo frape ansanm. Yo leve pye a ansanm, yo depoze l ansanm. Yo gen mouvman y ap bat men epi y ap chante. Men bòt ki nan pye yo a tou gen yon bagay tankou yon klòch ladan l. Tout tan y ap frappe pye yo, klòch la ap sonnen.

Gabi: Bann yo menm, yo soti nan yon kay? M konn tande gen lakou pou sa. Kouman yo fè pou yo fòme yo?

Sonn : Wi. Bann nan soti nan yon lokalite. Selon lokalite a tou, tou depann de lajè li , li ka gen nenpòt 2 bann. Chak bann yo gen yon non. Yo gen yon banyè ki di kote yo soti. Epi nan tout bann yo gen yon moun yo rele jadàm. Li gen fwèt kach nan men l. Se li k ap mennen moun k ap danse yo. Se li k ap met lòd. Si yon moun ap fè rebèl, l ap ba l gwo kout fwèt kach.

Babi: Kisa! Men m konn wè se atè y ap frape fwèt kach la?

Sonn: Wi. Lè sa a, y ap met chalè nan bann nan. Sitou nan defile yo.

Babi : Yo pa konn fè konkou?

Sonn : Wi. Moun nan sektè prive yo konn òganize konkou pou yo. Men anvan yo fè sa, yo fè reyinyon ak prezidan bann yo pou ba yo modalite konkou a. Si bann youn yo ta goumen, ane k ap vini an, li p ap nan konpetisyon an epi yo pral arete prezidan an jis lakay li. Òganizatè yo bay chak bann, pa egzanp 2 mil dola. Se pa anyen l ka fè non, men li konn ede. Paske nan yon bann rara, yo ka depanse 30 a 40 mil dola ladan l. Paske fòk yo abiye, achte enstriman elatriye.

Gabi: An! M pat panse yo te konn goumen non?

Sonn: O wi ! Nan fè polemik, goumen konn met pye epi si yon moun gen pwoblèm ak yon lòt, bann li an te konn atake bann lòt moun nan. Men sa pa fèt menm jan an ankò. Bagay yo vin sivilize.

Gabi: Yo fè konkou an nan tout lokalite yo nèt, osinon?

Sonn: Non, se yon bagay ki te konn fèt Leyogàn. Apre sa yo vin ak li nan bouk ti rivyè latibonit. Bann sot nan tout lokalite pou vin defile sou gran ri a, epi yo rekonpanse twa premye yo. Kritè yo, se fason yo abiye, koegrafi epi vaksin yo.

Gabi: Kisa ki vaksin nan?

Sonn: Vaksin nan se melodi a. Se jan mizik la akòde, bon son y ap bay la.

Gabi: Se achte yo achte enstriman yo, oswa se fè yo fè yo?

Sonn : Se achte yo achte yo. Pa egzanp, banbou yo, se kote ki gen gwo banbou yo konn al achte yo. Epi lè yo vini, yo prepare yo. Tankou piston an limenm, se bay yo bay fè l. Moun nan, fò l ale pou l bay dimansyon li bezwen an, pou l chache son li bezwen an. Kès la, se bagay etranje. Yo achte l byen chè.

Gabi : E mizisyen yo?

Sonn : Se peye yo peye anpil ladan yo pou vin jwe pandan konkou a. Sitou pou nèg k ap jwe mizik a van yo. Nèg k ap jwe saksofòn nan gendwa ap jwe pou nenpòt 3 mil dola epi nèg k ap jwe twonpèt la ka ap touche 3 mil osinon 2 mil senksan.

Gabi: Enben bann rara yo byen òganize?

Sonn: Wi. Sa w te konprann? Ou te panse se te yon bagay konsa konsa?

Gabi : M swete al nan pwogràm sa a nan ane ki ap vini an. Sa a twò bèl.

Yo kontinye pale sou rara tout jounen an paske tèlman gen bagay pou moun di sou kilti ayisyen. Chak zòn gen yon tradisyon. Menm pou pwòp ayisyen, se aprann y ap aprann konn jan moun k ap viv nan lòt vil yo ap viv.

~ * ~

Vocabulario
*Pak – Navidad
N ap frape, n ap goumen – Estamos pasándola / Estamos batallando: Expresión indicando que estas sobreviviendo.
Moun ap fèt, moun ap mouri – Personas nacen, personas mueren.
Yo tonbe *ri. Epi youn bay lòt lanmen – Comenzaron a reír y se dieron las manos.
Raple – Recordar. Es una deformación del verbo Francés "Rappeler", en Creol cotidiano seria Sonje.
Lè gen manifestasyon – Cuando hay manifestación / demostración.
Lè gwo ekip foutbòl ki gen anpil fanatik chanpyon nan mondyal – Cuando un equipo grande de futbol tiene muchos fanáticos y ganan la copa mundial.
Se yon bagay apa – Eso es algo aparte / Es algo increíble.
*Vil pwovens yo – Ciudades en las provincias
Repitasyon - Reputación
Ki kote rara a plis *mare ak kilte nou? ¿En qué zona el Rara esta más próximo a nuestra cultura?
Y ap *evolye a nan defile a – Ellos evolucionan en los desfiles.
Gen yo kolonn majorèt – Hay muchos animadores.
*Berejèn – Berenjena
***Arete** - Arrestar
Joumou – Auyama
*Mayi – Maíz
Pwa – Habichuela
*Plante – planta / Plantar
Fanfa - Fanfarria
Enstriman – Instrumentos
Konpa – Tip de Música Haitiana
***Atake** – Ataque / Atacar
***Chante** – Cantar
***Chwa** – Elección
***Egzanp** – Ejemplo

*Gran - Grande

*San - Sangre

Se bann ki jwe avèk banbou, *tanbou, *kès, ak ti banbou - Es una banda que toca con bambú, tambor, tamborines con pequeños bambú.

W ap jwenn tou bann "a plak" - También encontraras bandas con placas o *bann a *plak*. *Es el nombre para este tipo de grupo que toca Rara con todo tipo de instrumentos de metal.*

Twonpèt - Trompeta

Saksofòn - Saxofón

Kone - Corneta

Piston! - Pistón

Tòl yo - Tola

Se li k ap foule - Es lo que está a la moda.

*Batri - Baterías

Pou l kenbe rit la - Para que mantenga el ritmo.

Gwouv - Ranura

Yon banyè - Una pancarta / banner

Jadàm - Agente / Dirigente

Li gen fwèt *kach nan men l - Él tiene un fuete en sus manos.

Si yon moun ap fè rebèl, l ap ba l gwo *kout fwèt kach - Si alguien se rebela, el los azotará.

Sektè prive yo - Sectores Privados

Modalite konkou a - Las modalidades del concurso / Las reglas del concurso.

Konpetisyon - Competencia

Nan fè polemic - Creando polémicas / problemas

Bagay yo vin sivilize - Las cosas son civilizadas ahora.

Kritè yo - Los criterios / Las reglas

koegrafi epi vaksin yo - Coreografías y melodías

Bay dimansyon - Dar la dimensión / medida

*Touche 3 mil - Ganan tres mil. Es importante recordar que los haitianos usan el verbo Touche cuando se refieren a ganar dinero o recibir pagos.

Fòme - Forma / Formar

: Por Favor, Repasa *Aprenda Creol Haitiano Volumen 1.* Repasa la seccion de Notas Gramaticales, asegurandote de dominarlas adjunto de los vocabularios.

Telefòn lakay Frank sonnen, Papa l sèlman ki te nan kay la, li dekwoche.

Liksèn: Alo, bonswa.

Papa: Bonswa.

Liksèn: Mwen ka pale ak Frank silvouplè?

Papa: Li pa la non. Se kiyès k ap mande pou li?

Liksèn : Liksèn, yon kondisip li.

Papa: Liksèn ! Se pa ou ki te vin lakay la lotjou a?

Liksèn : Mwen te vin lakay Frank mèkredi pase a vre wi. Men m pa konn si se mwen w te wè a non.

Papa : Wi, mwen kwè sa. Se oumenm menm. Ou te gen yon mayo ble sou ou ak yon chapo pay nan tèt ou.

Liksèn : Se vre. Se te mwen. Enben se ak papa Frank m ap pale la a?

Papa : Wi, se ak limenm w ap pale la a.

Liksèn : O ! Kouman w ye menm?

Papa: Mwen byen, Liksèn. E oumenm?

Liksèn: Mwen byen, mèsi.

Papa: Kouman paran w yo ye?

Liksèn: Yo byen wi. Kouman manman Frank ye?

Papa: Madanm mwen byen wi, mèsi. Li al nan yon reyinyon nan legliz la. Ou konnen se li ki prezidan gwoup dàm legliz la.

Liksèn : Ok ! Ki mirak ou pa soti jodi a !

Papa : Non, mwen pa soti vre non. Jodi a se konje. Se premye jou nan konje anyèl mwen gen nan travay mwen.

Liksèn : An ! mwen konprann. Paske si se pa te konje a, m pa t ap jwenn ou nan telefòn nan .

Papa : aaa ! Ou pa t ap jwenn mwen vre non. Paske nèg pa chita menm. Travay sa a pran tout tan m. Se sèl jou dimanch yo m lib. Menm lè sa a. Se nan legliz la m prèske pase tout jounen an.

Liksèn : Kilè Frank ap tounen la a, silvouplè?

Papa: M pa ka di non. Mwen te fè yon ti kouche, lè m leve, se do l mwen wè nan baryè a k ap soti.

Liksèn : Ou pa konnen ki kote l dwe ale?

Papa : Mwen pa gen okenn ide. Li ka nenpòt kote. Ou te gen randevou avè l?

Liksèn : Wi. Men se pa pou koulye a non. Se pou aswè a. Mwen te vle pale yon bagay avè l avan.

Papa : Se yon bagay mwen ka ede w?

Liksèn: Bon! Mwen pa konn si w ap kapab.

Papa : Kisa l ye menm?

Liksèn : Mwen te dwe achte yon tant pou nou ka al nan plaj la aswè a, men kantite kòb mwen te panse m t ap jwenn nan, mwen pa gentan jwenn li. Lè mwen rive labank lan, te gen twòp moun nan liy lan. Mwen te oblije soti al regle yon lòt bagay. Men koulye a, nan lè l ye a, labank ap gentan fèmen distans pou m al nan yon lòt sikisal.

Papa: A bon! Ou pa gen kat kredi avè w. Ou ta peye ak li.

Liksen : Mwen genyen wi, men m p ap ka peye ak li paske kòb tant lan vann nan twòp. M ap bezwen kòb la pou m fè yon lòt tranzaksyon.

Papa: Pa gen ATM nan zòn kenkayri kote w ye a, oswa tou pre l? Ou te ka fè retrè nan youn ak kat debi w, si w genyen.

Liksèn: Sa a se yon bon lide vre wi, men sa ki genyen yo an reparasyon. Mwen wè yon pakèt teknisyen ap ranje yo. Epi m tande anpil moun ap plenyen. Y ap di yo pa t ka itilize yo depi semenn pase a.

Papa : Bagay yo bon jan mare pou ou la a vre wi. Nou pa t ka pwograme plaj la pou lajounen pito?

Liksèn : Non. Lajounen an manke plezi.

Papa : Enben se pa premye fwa n ap al nan plaj aswè?

Liksèn : Non, se pa premye fwa non. Sa a ap fè twazyèm fwa nou. Premye fwa a, te gen yon pwogràm sou plaj la. Yo t ap fè yon bal. Dezyèm fwa a, pa t gen pwogràm. Fredi manke touye nou. Gen yon van frèt ki t ap vante epi pa t gen anpil moun sou plaj la. Nou te oblije al nan yon otèl tou pre a. Fwa sa a, nou te vle pase sware a sou plaj la menm. Se pou sa m bezwen tant lan.

Papa : Ok ! Ou pa eseye rele sou selilè Frank lan? Li te ka pase achte l limenm si l gen kòb nan men li.

Liksèn : Mwen eseye deja wi, men m pa jwenn li. Telefòn li genlè dechaje.

Papa: A! Se vre wi. Gen yon pwoblèm kouran nan moman sa a nan katye a. Menm lè l chaje l sou invètè a, li gentan dechaje l byen vit. Paske l toujou konekte sou entènèt avè l epi l renmen jwe jwèt sou li tou. Li te gen pou l te achte yon bakòp, li kòmande l, men li poko rive.

Liksèn : Pwoblèm ! Kisa w panse m te ka fè la a? Se fason sa a nou ka met yon ti animasyon pou peryòd la wi.

Papa : Ok. Mwen kwè m gen yon tant nan depo a wi. Li pa gwo non. Yon zanmi m te pote l fè m kado apre tranblemann tè 12 janvye 2010 la. Nou konbyen k prale?

Liksèn : Se nou 4 ki prale. Mwen, Frank ak 2 lòt zanmi nou t ap rakonte sa epi ki enterese.

Papa : Nou gen chans. L ap bon. Men se prete m ka prete nou li. Kou nou tounen, pou n remèt mwen afè m. Epi fòk li pa gen tèt fè mal.

Liksèn : Mèsi. Ou mèt fè n konfyans. N ap pote l ba ou jan w te ban nou l lan.

Papa : Nou te koute bilten meteyo pou jounen an?

Liksèn : Non. Poukisa?

Papa : Nou pa ka al nan plaj san nou pa konnen previzyon meteolojik yo. Sitou se nan sware nou prale. Se fason pou n konnen jan lanmè a ap ye epi si ap gen lapli. Nou manke prepare bagay la, ti mesye.

Liksèn : M swete p ap gen anyen nan bagay sa yo. Paske si lapli a ta tonbe, l ap kraze tout bagay nou te gentan planifye yo. Pandan n di sa a tou. Mwen pral branche sou entènèt pou si yo prevwa lapli pou aswè a, sitou pou kot sid la. Selon jan sa ye, pou n ka gentan fè yon lòt bagay.

Papa : L ap bon wi.

Liksèn : Se sèl Frank ou genyen kòm pitit?

Papa : Non. Misye se senkyèm pitit mwen epi li se katriyèm pitit gason m. Sa vle di m gen 4 pitit gason ak yon pitit fi. Se sèl li k ap viv avè m. Premye a gentan marye, li lakay li. Dezyèm lan ap viv Lafrans. L ap fè yon metriz laba a. Twazyèm lan ak katriyèm lan ap etidye Etazini. Frank, ki se dènye a ap viv ak nou isit la. Li p ap rete tou non. Kou l fin etid klasik li, li gen chans al etidye, eee... jeni nan peyi Almay.

Liksèn : Enben w pral ret poukont ou nan kay la ak madanm ou?

Papa : Non, sa k ap viv Etazini yo p ap rete. Kou yo fin etidye, y ap tounen vin viv nan peyi yo paske yo pa renmen peyi blan. Epi y ap gentan fini anvan Frank fin ak etid segondè. Sa ki fè m p ap poukont mwen.

Liksèn : Mwen byen kontan.

Papa : Ou gen lòt frè ak sè?

Liksèn : Non. Se mwen sèl manman m ak papa m genyen. Men m pa renmen peyi etranje. M ap ret nan peyi a pou m etidye. Bon! M dwe al regle rès bagay yo pou pita. Mèsi anpil pou konsèy yo.

Papa : Pa gen pwoblèm. Mwen byen kontan nou fè ti pale a wi. M ap met tant lan sou men pou nou.

Liksèn : Mèsi. Pase bon apremidi mesye.
Papa : Babay Liksèn. Pase bon apremidi.
Liksèn: bay.

Yo rakwoche telefòn yo. Liksèn kontinye prepare bagay yo pou aktivite sware a. Epi papa Frank menm tou al ouvè depo a pou l chache tant lan pou mesye yo.

~ * ~

Vocabulario
Yon kondisip li – Su compañero de estudios
Mayo *ble – Camiseta azul
Non, mwen pa sote vre non – No, no estoy impresionado
Ti kouche - Siesta
Se do l mwen wè nan baryè a ap soti – Acabo de ver su espalda en el portón: Expresión indicando ver a alguien partir.
*Tant – Tienda de campaña
Plaj - Playa
Sikisal - Sucursal
Pou m fè lòt tranzaksyon – Hacer otra transacciones
Pa gen ATM nan zòn kenkayri w ye a -? ¿No hay cajeros automáticos en la tienda donde estás?
Fè retrè – Hacer un retiro / Retirar dinero / Sacar dinero
Mwen wè yon pakèt teknisyen ap ranje yo – Vi muchos técnicos reparándolas.
Fredi manke touye nou – El frio casi nos mata.
Ou pa eseye *rele sou selilè – ¿No trataste de llamar al celular?
*Lib – Libre / Disponible.
Telefòn li genlè dechaje – Puede que la batería está muerta / descargada.
Menm lè l chaje l sou invètè a – Aun cuando él la cargue con el generador.
Konekte sou *entènèt – Conectar al internet
Bakòp – Respaldo
Nou te koute bilten meteyo pou jounen an? – ¿Escuchaste los pronósticos meteorológicos de hoy?
Pou m konn sa ki *prevwa pou aswè a – Para saber el pronóstico de la noche.
Etid *klasik – Colegio / Estudios clásicos
*Jeni – Ingeniería / Genio
Peyi *Almay – País de Alemania
Babay – Adiós
Bay - Adiós

> *__Etazini__ – Estados Unidos
> *__Janvye__ – Enero
> *__Kantite__ – Cantidad / Monto
> *__Rakonte__ – Decir / Contar

: **P**or Favor, Repasa *Aprenda Creol Haitiano Volumen 1.* Repasa la seccion de Notas Gramaticales, asegurandote de dominarlas adjunto de los vocabularios.

UNIDAD QUINCE
Chanjman
Un Cambio

De zanmi al nan yon biwo leta pou y al regle yon bagay. Lè yo rive, yo rete menm kote pou yo ka pase anvan paske yo te la bonè. Twouve gen youn nan yo ki vin deplase paske yon lòt moun fè l chanje lide. Lè l vin retounen kote l te ye deja a, yo tonbe pale konsa.

Masèl: Kisa w vin fè isit la? Ou pa t ka ret kote w te ye a?

Maks: Bò isit la pa pou leta ankò? M chita kote m vle.

Masèl: Sa k te pran w ki fè w te al lotbò a menm?

Maks: M pa gen sa pou m mande w non. M fè sa m vle.

Masèl: Kimoun ki te di w laba a te bon? Se pou w te rete.

Maks: Moun pa t bezwen di m anyen non pou m fè sa ki bon pou mwen. M pa konn pou ou.

Masèl: Mwen m lib. Se mwen ki toujou deside sa m ap fè ak sa pou m fè. Men tèt mwen pa di tankou w. E vre wi, m di w rete la pito, ou sèlman rete w deplase al lotbò a pito. Se konnen w pa t konnen! Koulye a bagay yo pa bon pou ou, ou tounen lakay.

Maks: Bon! Kisa w gen nan kò m la a menm?

Masèl: Tèt ou di twòp. Se pou w kite. Lè yo di w yon bagay, ou pa janm vle kwè. Se Sen Toma w ye. Se lè w wè w kwè. Di m non, sa k pase w ki fè w chanje lide a menm?

Maks: M konnen w wi. Se fawouche w bezwen fawouche m la a. M pa sou san m koulye a. Kite m an repo m.

Masèl: Kimoun ki pa vle ba w repo w la a frè? Mwen! Pran repo w non papa.

Maks: Poukisa w pa pale bagay serye pito? Pale sa w bezwen non!

Masèl: M bezwen tout bagay mwen, m bezwen w kite tèt di. Epi, fòk nou ta al chache yon bagay pou n manje wi. Paske m bon grangou la a.

Maks: Mwen menm, se swaf m swaf. Fò m ta jwenn yon bagay glase la a pou m bwè. Paske m pa wè klè la a menm.

Masèl: Ann al nan ti restoran ki pi devan an non! Men m pa konn si manje a gentan kwit. Paske l bonè.

Maks: Se pa bonè l bonè non, manje nan restoran sa a toujou prepare ta menm.

Masèl: Konbyen kòb ou gen disponib la a?

Maks: M pa gen anpil non. M sèlman gen 50 dola. Kòb machin mwen tou ladan l. Fòk mwen ta kite ladan l pou m achte yon ti glas lè m ap antre lakay. Paske m gentan bay moun yo abitid antre avè l chak swa. M pa menm bezwen mande w si w genyen menm, paske m konnen ou fèk touche.

Masèl: Mwen fèk touche vre wi, men m gentan gen anpil bagay pou m fè ak kòb sa a: Fòk m al achte yon lòt bòt pou m travay la, fò m ta chanje rad travay la a nèt tou, met sou kòb m te gentan dwe, m pral remèt yo. Paske yo toujou di yon moun pa dwe bouche twou, lè w prete, fòk ou remèt.

Maks: Dwe di a pa bon vre non. Men fòk ou sispann plenyen nan tèt mwen. Vin n ale.

Masèl: Pandan w ap pale a, ou pa wè kouzen Jozye a?

Maks: Ki Jozye?

Masèl: Jozye! Pitit gwo madanm ki te rete bò plas la.

Maks: M pa wè kiyès toujou non.

Masèl: Kite m di w! Misye konn ranje moto. Te gen yon chòp moto lakay yo a. Epi te gen yon machann pate ki konn ap vann devan an.

Maks: Ou konnen gen plizyè chòp moto ak moun ki konn ranje moto nan zòn nan, m poko ka wè kiyès nan yo. Epi w konnen m pa twò abitye ak moun sa yo. Se sa k fè m pa kwè m konnen yo.

Masèl: Ou konnen l. M pral esplike byen koulye a epi w ap wè w konnen l byen. Se yon kolonn moun wouj yo ye. Misye gen yon pakèt sè. Se yon kolonn timoun ki enteresan anpil.

Maks: Annn! Sa k chèlbè anpil yo?

Masèl: Wèèè! Se frè yo a.

Maks: M wè kiyès koulye a.

Masèl: Ok. Ti patnè ki toujou chita sou bout mi devan lakay yo a, se li ki kouzen yo a.

Maks: Wiii! Li djòlè anpil!

Masèl: Aaa! Ou wè w te konnen l!

Maks: M konn nèg sa yo byen monchè. Fawouchè!

Masèl: Egzakteman! Ou konnen l vre.

Maks: Non m pa panse se te Jozye, pitit madan Frad la, moun kenskòf, ki rete menm kote a tou.

Masèl: M pa wè moun sa yo lontan tou non, pandan w ap di sa a.

Maks: Yo la. Yo toujou rete menm kote a. Pale m de ti bat kò a non. Sa k pase misye la a?

Masèl: Monchè! Misye chanje konplètman.

Maks: Kisa? Chanje? Kouman chanje a?

Masèl: o o! m di w misye chanje nèt. Fòk ou ta wè nèg sa a koulye a!

Maks: Sa k dwe pase menm?

Masèl: Monchè m pa konnen. Sèl bagay, m pase bò plas la plizyè fwa nan jou ki sot pase yo la a, m pa wè misye sou bout mi an ap bay fawouch menm. O! m mande ki mirak. Lè m mande pou li, yo di m se direktè misye ye koulye a.

Maks: Direktè! Kote w jwenn ak bagay sa a oumenm?

Masèl: Pe bouch ou non, menn. Se pa ba w m ap ba w. Rete pou tande. M al nan biwo misye menm. M fè tankou se yon bagay m al regle pou m ka wè si se vre. M wè yon moun byen kostime dèyè yon biwo, byen serye k ap pale ak yon bann moun. Epi gen yon bann lòt ki chita ap tann li. Si se pa t non l ki te ekri nan pòt la ak ti sin li te gen sou sousi l m wè a, m pa t ap rekonèt li menm. Misye vin gen yon gwo nèg sou li! Moun vin apresye l anpil. Epi y ap pale de li anpil laba a.

Maks: Ou toujou sou blag oumenm.

Masèl: Ou wè m sanble ak moun k ap bay blag?

Maks: Se bon koze w di m la a?

Masèl: M di w. Menm mwen, m pa t vle kwè. Se lè m wè misye, yon lòt lè l te pase wè fanmi l yo. Nèg la desann machin li, li salye tout moun. Li chita anndan nan lakou a l ap pale. Si yo pa di w li la, oswa men li, ou pa t ap konnen si se li. Nèg la vin swa! Ou konn jan misye te renmen fè bwi.

Maks: Men koze! Sa k ta di sa? Kimoun ki te ka kwè yon nèg konsa ta chanje nan eta sa a?

Masèl: M pa konn sa k pase misye, men misye chanje nèt papa.

Nan pale konsa, pandan y ap mache nan lari a, yon machann k ap pwonmennen nan lari a ak bagay glase vin ap pase lotbò lari a. Mesye yo rele l pou l vin vann.

Maks: Machann! E machann! Vin vann!

Machann nan travèse lari a, vin jwenn yo.

Maks: Sa k ap fèt patnè m?

Machann: M anfòm wi, bon bagay. Kisa n ap pran la a?

Masèl: Ou gen dlo?

Machann: Wi, se sa k pa manke!

Masèl: Nan sachè oubyen nan boutèy?

Machann: Nan sachè.

Masèl: Kèt! M pa renmen sa k nan sache yo non.

Machann: O o! Se pa menm dlo a?

Masèl: Wi. Men m pa renmen yo.

Machann: Enben m gen lòt bagay pou bwè wi.

Masèl: Non, se dlo sèlman m te vle. Mèsi.

Machann nan vire do l. L al fè wout li. Mesye yo, yo menm, al nan yon boutik ki te devan yo a.

Maks: Pa gen moun? M vin achte.

Mèt boutik: Kisa w vle?

Maks: Dlo.

Mèt boutik: Talè m ap vini.

Yon moun parèt vin vann mesye yo.

Mèt boutik: Bonjou.

Maks: Bonjou! Vann nou de boutèy dlo silvouplè. Konbyen yo vann?

Mèt boutik: 25 goud.

Maks: Ban nou de, tanpri. M pa konn si w ap gen monnen nan 50 dola.

Mèt boutik: w ap jwenn.

Yo pote dlo a bay mesye yo ak monnen an. Yo pran dlo yo, yo peye epi yo kontinye wout la. Pandan yo pran direksyon restoran an, yon moun rele yo nan telefòn pou l di yo sèvis la koumanse nan biwo a. Yo oblije tounen pou y al regle sa yo t ap regle a. Yo tou ranvwaye koze al nan restoran an.

~ * ~

Vocabulario
Lotbò – Al exterior / Extranjero
Se Sen Toma w ye – Eres san Tomas.
Se fawouche w bezwen fawouche m la a -? Ahora quieres burlarte / molestarme.
Paske yo toujou di yon moun pa dwe bouche twou l, lè w prete, fòk ou remèt – Dicen que nadie debe hollar ese hoyo, cuando tomas prestado, debes devolverlo: Expresión proverbial explicando que cuando tomas algo prestado, debes devolverlo.
Men fòk ou *sispann plenyen nan tèt mwen tou – Pero debes dejar de quejarte conmigo.
***Wouj** – Rojo
Chòp *moto – Taller de Moto
Sa k chèlbè anpil yo – Los que son muy presuntuosos.
Wiii! Li djòlè anpil! – ¡Si! ¡Él es muy arrogante!
Ou toujou sou blag oumenm – Siempre estas bromeando
Nèg la vin swa! – El hombre se vuelve suave. La idea es que el hombre se vuelve amistoso y amigable.
Pwonmennen – Ir a dar un paseo
Yo tou ranvwaye koze al nan restoran an – Así que cancelaron la idea de ir al restaurante.
***Apresye** - Apreciar
***Restoran** – Restaurante

: **P**or Favor, Repasa *Aprenda Creol Haitiano Volumen 1.* Repasa la seccion de Notas Gramaticales, asegurandote de dominarlas adjunto de los vocabularios.

Twoubadou
Música Twoubadou

Chelo ak Richa se de moun k ap viv nan menm katye. Youn konn gen abitid pale ak lòt lè yo rankontre. Se konsa yo kwaze pandan yo tou de ap antre nan yon ti restoran pou y al manje, epi yo tonbe pale.

Richa: Bonjou mesye Chelo.
Chelo: Bonjou Richa. Kouman w ye?
Richa: Mwen byen wi gras a Dye.
Chelo : Kouman w ap debouye w ak lekòl la la a?
Richa : Tout bagay byen wi gras a Dye.
Chelo : Moun lakay ou yo anfòm?
Richa : Wi. Yo tout byen ak Jezi. E pa w yo?
Chelo : Tout moun anfòm. Ki mirak m kwaze w nan zòn nan !
Richa : Bon ! ou konnen, nèg pase pran yon bagay pou vant lan la.
Chelo : Sak vid pa kanpe vre non. Sa k nan vant ou, se li k pa w.
Yo antre nan restoran an, yo chita epi yo t ap kontinye pale. Machann nan deplase vin kote yo epi yo tonbe pale ak machann nan tou.
Chelo: Sa k gen pou nou la a, machann?
Machann : Tout sa n vle wi mesye.
Chelo : Ki manje w gen la a?
Machann : Gen diri kole, diri sòs pwa, gen viv, gen pwason, mayi kole ak pitimi. Kisa n ap pran la amenm?
Chelo : Mwen, ban m diri kole ak pwa epi sòs pwason.
Richa : Mwen menm, yè m te pran diri ak sòs pwa, jodi a ban m bannann ak poul. Paske m gen yon gaz k ap ban m pwoblèm nan jou sa yo.
Chelo : Sa fè konbyen la a?
Machann : Bannann ak poul la pou 40 dola epi diri kole ak sòs pwason an menm jan an tou. Sa ki fè 80 dola an tou. Nou p ap pran anyen pou bwè?
Richa : Kisa w genyen disponib?
Machann : M gen ji natirèl, kola, koka.
Chelo: Ki ji w gen la?
Machann : Ji sitwon, ji zoranj, grenadya epi papay.

Chelo : Ji papay la m vle.

Machann : E oumenm jennjan?

Richa : Ji sitwon an m vle mwen menm.

Machann : Pa gen pwoblèm. Ji papay la pou 8 dola epi ji sitwon an 10 dola.

Richa : O ! Poukisa ji sitwon an chè konsa?

Machann : Pa gen sitwon sou mache a non. Li vann chè anpil. Okontrè, se paske m gen pratik ki vin ak yo tout ekspre pou mwen ki fè genyen la a.

Richa : Enben pa gen pwoblèm non.

De moun pot manje yo ak ji yo pou mesye yo. Yo manje byen manje epi yo bwè kont ji yo. Yo leve pou yo ale, yo rale kòb nan pòch yo epi yo peye.

Richa: Mèsi anpil wi machann nan.

Machann: Pa gen pwoblèm mesye m yo. Kouman n te wè manje a?

Chelo: Bon bagay!

Richa: Manje a bon vre wi. Mèsi.

Machann : Ok ! m ap tann nou yon lòt fwa.

Richa: San pwoblèm.

Nèg yo pran lari pou yo. Yo pran bis pou retounen lakay yo. Pandan yo nan bis la, yo tonbe pale.

Chelo : Kisa w genyen ki pwograme pou semenn sent lan?

Richa : A ! Pwogràm mwen prèske kraze wi. Paske m poko fin ak egzamen yo toujou non. M ap lib jis vandredi sen. E oumenm?

Chelo : Mwen gentan gen konje mwen menm. M ap pwofite kòmansman semenn nan pou m dòmi paske m fatige anpil. Apre sa, m pral gad defile bann rara vandredi sen nan Leyogàn. Ann ale non. Ou sot di m w ap gen konje a jis vandredi.

Richa : M p ap ka ale non paske w konnen m se kretyen. Jou sa a, se jou pou m al legliz pou m al lapriyè Bondye. Epi ap gen anpil blokis nan lari a nan jou a tou. Paske rara ap nan lari nan tout zòn.

Chelo : An ! Se vre ! Eskize m. M bliye si tout fanmi w se levanjil yo ye wi. Enben w p ap al nan pyès pwogràm?

Richa : M pral vizite yon zanmi nan samdi. Epi m gen kèk fanmi m pa wè depi lontan, m ap pwofite al lakay yo.

Chelo : E dimanch pak, kisa w konn fè nan jou sa a?

Richa : Jou sa a toujou espesyal pou moun lakay mwen ak moun legliz mwen. Nan maten, se gwo kil apre sa, nan apremidi, se konsè. Pafwa yo fè konsè a nan legliz la, men gen lòt fwa, se nan lòt legliz nou konn al nan konsè.

Chelo: Bagay malè! E pou ane sa a, ap gen konsè?

Richa: Wi. Ap genyen wi. Men m p ap ale. M pral lakay mennaj mwen. M pral nan yon dine paran l ap fè.

Chelo: Bèl bagay! Pale m de ti mennaj sa a non. Moun kibò li ye?

Richa: Li se moun okap. Se yon kondisip mwen li ye. Nou nan menm klas depi nan primè. Apre rara a, kisa w gen pwograme pou samdi dlo beni ak dimanch pak?

Chelo : Samdi a, nan maten, se pou m dòmi. Paske m panse m ap pase tout nwit lan m ap danse rara. Nan apremidi, m pral nan yon ti bal y ap fè nan vil la. Dimanch lan menm, m ap pase bwè de twa byè ak kèk zanmi. Apre sa, m pral nan restoran ak madanm mwen. Paske sa fè lontan m pa soti ansanm ak li. M santi nou bezwen sa.

Richa : Ap gen twoubadou nan restoran w prale a?

Chelo : Sa w konn nan twoubadou? Te kwè w di se moun legliz ou ye?

Richa : Non ! Ou konnen, anvan tout bagay, twoubadou a se yon estil mizik. Sa fè tout moun ka tande l. Oswa tout mizisyen ki renmen l ka jwe l.

Chelo : Non. M vle pale de gwoup twoubadou yo.

Richa : M pa t vrèman konnen sa yo rele konsa a, men papa m te toujou konn ap pale m de sa. Epi se konsa, yon jou, pandan m al travay Jakmèl, yo mennen m nan yon plaj. Monchè ! m wè nenpòt 5 twoubadou nan plaj la. Yo chak ap anime yon kote.

Chelo : Wi. Depi w al Jakmèl, y ap pale w de plaj wi. Epi m tolere ale nan twoubadou tou.

Richa : Kèt menn ! Mizik yo bèl ! Sa k pi bèl la, se ak enstriman y ap fè mizik la.

Chelo : Wi. Nèg sa yo fè enstriman yo epi yo jwe l ankò. Ou konn non enstriman y ap jwe yo?

Richa : Wi. Men se pa tout. M konnen sa ki tankou gita a rele bandjo. M konn graj la ak tchatcha a tou. Yon ti bwat k ap bay son bas la, m pa konn non l.

Chelo : Yo rele l enstriman sa a mannouba.

Richa : Men m wè se plis nèg k ap jwe tchatcha a ki konn tou chantè a. Epi yo gentan konn jwe tchatcha sa a tou wi! Gen yon seri son nèg sa yo fè tchatcha sa a bay! Eeee ! Se tèt chaje ! M mande jan yo fè fè l. Yon jou m eseye jwe. M pa fouti fè sa mesye yo fè a non. Se pa ti abil nèg sa yo abil.

Chelo : Wè monchè ! Men se li ou pi renmen nan enstriman yo?

Richa : Tchatcha a se premye a, men mannouba a bay plezi tou wi. M mande m jan yo fè fè l epi mesye yo abil ladan l tou. Ou ta di se yon bon bas nenpòt sis kòd k ap jwe a wi. Epi son an tèlman byen gonfle, fò w ta di l anplifye.

Chelo : Yo fè bwat la an bwa epi yo mete plizyè làm kouto nan ouvèti bwat la. Yo fè l tankou yon ti ban. Dekwa pou moun k ap jwe l la ka tou chita sou li. Mizisyen an gen pou l bese pou l pase yon moso kaotchou sou làm kouto yo. Konsa, vibrasyon làm yo vin anplifye gras ak bwat la ki vid. Epi chak làm gen yon son diferan.

Richa : Monchè ! Lè m di mesye ki te mennen m nan plaj la m tolere twoubadou a, nèg yo di m y ap mennen m nan yon twoubadou prive. Demen, nan aswè, yo pase chache m. M rive yon kote, anba yon bann pye bwa, yon kolonn bon patnè ap bwè, boukannen vyann epi y ap jwe twoubadou. De tanzantan, youn bay lòt fè yo kout. A ! M lage m nan twoubadou vre jou sa a !

Chelo : Wi. Bagay sa a gaye nèt wi. Anpil plaj nan peyi a, lè w ale, gen yon gwoup twoubadou k ap jwe. Epi restoran yo konn ba yo kontra vin jwe tou pou nan fen semenn yo pou kliyan yo.

Richa: Se vre! Yon jou, san m pa t konnen, m antre nan yon ti restoran ak mennaj mwen pou n fè yon ti manje. O O! apre yon ti tan, se gade m gade m wè kèk nèg antre ak enstriman yo epi yo tonbe lage twoubadou atè. M pa kache di w sa, nou te renmen sipriz sa a anpil.

Bis la vin rive nan estasyon. Li kanpe, mesye yo desann, yo peye chofè a.

Richa: M kontan n te fè ti pale sa a jodi a wi, mesye Chelo.

Chelo : Mwen menm tou. Salye tout moun pou mwen.

Richa : Orevwa mesye.

Chelo : Pase bon apremidi.

Richa : Mesi, oumenm tou.

~ * ~

Vocabulario
Kouman w ap debouye w ak lekòl la la a? – ¿Cómo te va en la escuela?
*****Nèg pase pran yon bagay pou *****vant lan la** – Está comiendo: Expresión para indicar que estas agarrando algo comer.
Sak *****vid pa kanpe vre non. Sa k nan vant ou, se li k pa w – Sacos vacíos no pueden sostenerse: Esta expresión indica que lo que tengas en tu estómago, ese es tu seguro y nada más. El mal comido no piensa.
Deplase – Desplazarse / Moverse de un lugar a otro.
Gen diri kole – Hay arroz y habichuela guisada.
Diri ak *****sòs pwa – Arroz con salsa de habichuelas.
Viv – Víveres (Papas, Banana, Plátano, Yautía, etc.). Estas combinaciones son conocidas como Viv.
*****Pwason** - Pescado
Mayi kole ak pitimi – Maíz molido con granos blancos.
*****Bannan ak poul** – Bananas con pollo / Plátano con pollo.

M gen ji natirèl, kola, koka – Tengo jugo natural, Cola y Coca-Cola. En Haití Kola y Koka son dos cosas diferentes. Una es hecha por Coca-Cola y la otra por Pepsi.

Ji *sitwon – Jugo de Limón

Ji zoranj – Jugo de naranja / China

*Grenadya – Granadillo / Chinola

*Papay – Lechosa

Tout ekspre pou mwen – Especialmente para mí.

Semenn *sent – Semana Santa

Vandredi sen – Viernes Santo

Lapriyè - Oración

Se levanjil yo ye – Cristianos Evangélicos.

Dimanch pak – Domingo de Ramos

*Beni – Bendecir

*Estasyon – Estación

*Kretyen – Cristiano

*Estil – Estilo. Otra forma de escribir **Stil**.

Se gwo kil apre sa – Es un gran culto / servicio después de eso.

Bagay *malè! - ¡Maravilloso!

Mennaj mwen – Mi novio (a)

kisa w gen *pwograme pou samdi dlo beni ak dimanch pak? ¿Cuál es tu plan para Semana Santa y Domingo Santo?

Yon *bal – Un baile

*Byè – Cerveza

Twoubadou – Es un tipo de música / festival Haitiana.

Epi m tolere ale nan twoubadou tou – Bueno, entonces ira a Twoubado también.

Kèt menn ! *Mizik yo bèl ! - ¡Hombre! ¡La música es hermosa!

Bandjo - Banjo

Graj – Guayo: Instrumento musical.

Yon ti bwat (mannouba) – Una pequeña caja de música llamada mannouba.

M pa fouti fè sa mesye yo fè a non – No puedo hacerle estos a esos hombres.

Se pa ti abil nèg sa yo abil – Esos hombres son muy talentosos.

Ou ta di se yon bon bas nenpòt sis *kòd k ap jwe a wi. Epi *son an tèlman byen gonfle w ta di li anplifye – Es como un bajo de verdad con 6 cuerdas y el sonido es tan profundo, que dirías que es amplificado.

Làm *kouto – Navajas / Hoja de cuchillo.

Dekwa – Así que / Y entonces que.

Bese - Doblarse

Yon moso kaotchou – Un pedazo de caucho

Boukannen *vyann – Cocinar carne en fuego.

Bagay sa a gaye nèt wi – Se ha esparcido completamente.

*Gita – Guitarra

*Rankontre – Encontrar (se) / Reencontrar (se)

: **P**or Favor, Repasa *Aprenda Creol Haitiano Volumen 1.* Repasa la seccion de Notas Gramaticales, asegurandote de dominarlas adjunto de los vocabularios.

UNIDAD DIEZ Y SIETE
Chache Èd
Buscando Ayuda

Mari rele Mika nan telefòn yon vandredi apremidi pou l di l yon bagay. Lè telefòn Mika sonnen, li pran l:

Mika: Alo!

Mari: Alo. Mika?

Mika: Wi

Mari: Se Mari. Kouman w ye pitit?

Mika : Mwen byen Mari. E oumenm? Sa w ap bay nan peyi a la a?

Mari: Anyen menm. N ap gade san pran. Gade non! Ou gentan antre lakay ou?

Mika: Non. M poko rive lakay la non. M pral pran machin pou m vini. Ou te bezwen m?

Mari : Wi. M bezwen w anpil wi. Mwen bezwen pou w ta ede m fè yon bagay.

Mika : Ki bagay li ye la a manman?

Mari : Machè ! M bezwen w fè m jwenn yon kote m ka achte sachè anbalaj. Paske m gen yon kòmand manba pou m onore la a. Men m pa ka bay li nan bokal la konsa. Bò kilè w ka lakay ou la a?

Mika : M fèk deplase sot nan travay la la a. M ap rive lakay la bò 5 è edmi yo. Fòk ou ta pase anvan 6 è pou m ka fè w pale ak yon moun. Pase depi l fè 6 è, m ap deplase pou n al nan yon konferans.

Mari : M ap gentan lakay ou depi bò 5 è 40 yo. Pase m bezwen sa anpil. Moun sa a se yon bon zanmi w li ye?

Mika : wi. Li gen moun li k ap travay nan bagay sa yo. Epi l ap pase pran m pou n ale nan konferans lan ansanm. Sa ki fè mwen ka tou pwofite fè w pale ak li.

Mari : Ou pa gen yon ide konsènan kantite kòb sa ka koute m?

Mika : M pa gen pyès ide sou bagay sa yo non. Men m gen kèk zanmi m ki bon nan bagay sa yo anpil. Se nan sa yo fè karyè yo. Di m non, se nan peyi etranje w ap voye yo osinon se pou moun anndan peyi a, kòmand ou an ye?

Mari : M pa ka di w anyen sou sa. Se yon nouvo kliyan m fèk genyen. Se premye kòmand li. M te konn ap pale l de aktivite a, men l pa t ko achte. Koulye a l deside l. Si m di w m konn kote l pral ak yo, se nan manti m ye avè w. Pwiske m poko konn gou moun yo ase, m oblije byen prezante pwodwi a.

Mika : M dakò avè w. Enben m ap tann ou pita.

Mari : Ok. M ap vini san mank.

Mika: Bay, Mari.

Mari: Babay Mika.

Yo rakwoche telefòn nan. Mari leve, l al prepare l pou l vin lakay Mika. Mika menm met telefòn li nan valiz li paske l te nan lari pandan l t ap pale a. Yon taksi ap pase, li fè l siy, chofè a raze l epi Mika di l:

Mika: Kafou Ayopò?

Chofè taksi: Non, li p ap bon pou mwen.

Li derape machin lan epi l ale. Konsa yon lòt vin ap pase. Mika fè l siy pou rete ankò. Li kanpe epi Mika pwoche bò vit la, li di :

Mika : Kafou Ayopò?

Chofè taksi : Monte non.

Mika : Konbyen?

Chofè taksi : 25 goud madanm.

Mika : Ok!

Mika: Ouvè pòt dèyè a.

Chofè taksi : San pwoblèm.

Mika: Ou ka moute volim radyo a souple, silvouplè?

Chofè taksi : Ou sanble renmen mizik la?

Mika : Wi. Mizik sa yo bèl anpil wi.

Chofè taksi: O! Ki mirak yon jenn moun renmen mizik lontan sa yo?

Mika: Mizik yo te fèt nan tan lontan vre. Men yo gen yon bann verite nan pawòl k ap di yo. Ou ta di se bagay nan moman an moun yo ap eksplike. Epi melodi yo tèlman diferan ak mizik koulye a yo. M toujou anvi konnen sa k te gen nan tan lontan pou m ka pi byen konprann sa k ap fèt koulye a.

Chofè taksi : Sa a se byen! M pa kache di w sa, nan tan m, tout moun konn ap chante mizik sa yo. Tout jenn gason ak jenn fanm te konn mizik sa yo byen, paske w te oblije aprann yo pou w te ka alamòd.

Mika : Gen anpil bagay ki chanje vre, men gen sa ki rete menm jan an. Sa moun santi pa chaje. Se fason n entèprete l la ki chanje. Ou kondi byen wi !

Chofè taksi : Mèsi.

Mika : Ou sanble ap kondi depi lontan papa !

Chofè taksi : 35 an m genyen depi m ap fè sa.

Mika : Waw !

Chofè taksi : Wi. M pase 10 an ap kondi kamyon sab. 13 an chofè bis. M prèske konn tout peyi a ak bagay sa a. Epi m gen 12 an chofè taksi. Sa fè m konn vil tankou pòch mwen. M abitye ak wout yo epi m konn jan Chofè ayisyen kondi byen.

Mika: Pa ban m! Ou se yon pwofesyonèl nan sa. Ou pa janm fè aksidan non?

Chofè taksi : Gras a Dye, non. Sa pa janm rive m.

Mika : Sa enpresyone m anpil wi. M wè w granmoun tou pou w ap kondi toujou.

Chofè taksi : Kondi se pasyon m. Menm jan doktè a pran plezi l swaye moun nan, se konsa m pran plezi m lè m dèyè volan an. Lè m te chofè kamyon, yo te rele m ti jilèt. Lè m te chofè bis, yo te rele m tchas ; paske m te konn double machin anpil. Koulye a, kòm chofè taksi, kliyan yo rele m presizyon, pou jan m pase nan chòk yo.

Mika: Yo gen rezon rele w presizyon an vre. Ou met anpil presizyon nan jan w kondi an. Kilè w panse pran retrèt ou menm?

Chofè taksi : koulye a m gen 60 an. Ou wè jan cheve m koumanse blanch. M fè edikasyon timoun yo ak bwa volan an. Se sa k ban m tout byen m. Lè m pran retrèt la, kisa m pral fè? M pral ret sou kont pitit. Non, m pa renmen sa.

Mika : Enben retrèt pa bon?

Chofè taksi : M pa ka di l pa bon non. Men m gen kèk zanmi m ki te byen enganm lè yo t ap travay. Kou yo vin pran retrèt yo, yo vin granmoun yon sèl kou. Doulè vin anvayi yo. Genyen ki fin entatad, menm moun yo pa konnen. M pa vle tankou yo. M vle lespri m, kòm toujou an mouvman.

Mika: M konprann ou epi m dakò avè w. Paske kò a vin rèd lè l pa fè mouvman epi lespri a vin fèmen lè yo pa itilize l tou. Men non ! touche pou mwen silvouplè. M ap pran l la. Mèsi !

Chofè taksi : Mèsi !

Mika : M te kontan pale ak ou. N ap wè yon lòt fwa.

Chofè taksi: Pa gen pwoblèm non. Yon lòt fwa madanm.

Mika: M swete w yon bon apremidi. Epi kontinye met presizyon.

Chofè taksi: Mèsi, m p ap manke.

Mika desann manchin nan. Li travèse lari a pou l al pran yon bis.
Chofè taksi a limenm vire pou l kontinye siyone lari a dèyè pasaje.
Pandan Mika nan bis la, li pran nan yon gwo blokis. Gen plis pase
45 minit depi bis la kanpe anplas. Li pa janm deplase. Lè Mika wè
sa, li rale telefòn li, li rele Mari pou l esplike l nan kisa l ye la a.

Mari : alo !

Mika : Mari, pitit, se Mika.

Mari : Di m non manman.

Mika : Ou gentan rive lakay la?

Mari : Men m fenk rive devan lakay ou an la a wi. M sou ou touswit.

Mika : Se pou sa m rele w la a menm wi.

Mari : Pa di m ou gentan soti non. Li apenn 5 è 40 lan.

Mika : Non, se pa sa non pitit. M nan yon blokis sou wout ayopò a la depi plis pase 45 minit. Liy machin nan pa bouje menm. M pa konn sa k pase. M p ap gentan rive lakay ou la pou n pale non. Epi m pa menm konn si m ap gentan al nan konferans lan ankò.

Mari : O o ! Enben m ka toujou pale ak zanmi w lan lè l pase lakay ou talè. Sèlman rele l epi di l l ap jwenn mwen lakay ou a. Epi m ta tou mande l enfòmasyon yo.

Mika : M pa konn si l ap gentan rive pou l pase chache m lan tou non. Paske se nan lè sa yo li konn ap sot travay tou. Li posib pou misye pran nan blokis sa a tou.

Mari : Enben kisa m ka fè la a?

Mika : M pa vle fè w ret tann mwen pou grenmesi. Ou mèt tounen lakay ou. N ap pran randevou a pou demen maten. M ap pase nan atelye li a avè w epi w a tou regle tout bagay.

Mari : Enben ok, kòkòt. M ap tou mache ak lajan pou m ka tou achte.

Mika : Se sa m renmen avè w la, ou toujou pare.

Mari : M pa gen le chwa non. M swete lari a debloke pou w ka vin repoze w.

Mika: Jan m wè a la, sanble ap tou dòmi nan blokis sa a.

Mari: Desann ou pran yon moto, pitit.

Mika : Jan lari sa a frajil sa a, m p ap moute taksi moto. M pito tann.

Mari : Enben ret tann sè m.

Mika : M ale wi. N ap pale demen maten bonè.

Mari : Ok. M ap pase pran w.

Lè yo fin rakwoche telefòn yo. Mari tounen lakay li epi Mika rete nan blokis la. Li byen regrèt li p ap gentan antre bonè lakay li jodi a.

~ * ~

Vocabulario
Sa w ap bay nan peyi a la a? – ¿Qué tal? : Es un saludo entre amigos cercanos. Literalmente significa" ¿Qué estás dándole al país? / ¿Qué estás haciendo por tu país?"
N ap gade san pran – Nada: Esta es la respuesta al saludo, literalmente significa *"Estamos mirando sin hacer nada."*
Sachè anbalaj – Empacando las maletas
Yon *kòmand manba pou m onore la a – Una orden de maní para honrarla.
Bokal - Frasco
M pa gen pyès ide sou bagay sa yo non – No tengo idea sobre estas cosas.

Karyè - carrera

M ap vini san mank – Vendré sin falta.

Chofè a raze – El conductor se detiene (el taxi)

Ou ka monte *volim radyo a silvouplè? ¿Te importaría subir el volumen de la radio, por favor?

Otovizè a – Espero retrovisor

Pou w te ka *alamòd – Estar de moda

***Mòd** – Moda

***Posib** – Posible

Se fason n entèprete l la ki chanje – Es la forma en que interpretamos el cambio.

***kamyon *sab** – Camión de arena

Sa enpresyone m anpil wi – Me impresionó mucho.

***Kondi se pasyon m** – Conducir es mi pasión.

Lè m dèyè volan an – Cuando estoy detrás del volante.

Ou wè jan cheve m koumanse blanch – Ves como mi cabello comenzó a ponerse blanco.

Byen enganm – Realmente rociado

Entatad – Senil / Anciano

Wout ayopò – Ruta del aeropuerto

***Liy machin nan pa bouje menm** – Las líneas de carros no se mueven / El trafico esta pesado / Hay un tapón.

Pou grenmesi – En vano.

Atelye – Tienda / Taller

Enben ok, kòkòt – Esta bien ok, querida.

M sanble ap tou dòmi nan blokis sa a. – Parece que vamos a dormir en el tráfico.

***Doktè** – Doctor

***Doulè** – Dolor

**: Por Favor, Repasa *Aprenda Creol Haitiano Volumen 1.* Repasa la seccion de Notas Gramaticales, asegurandote de dominarlas adjunto de los vocabularios.

Ani antre lakay li ak yon kè kontan epi l parèt sou ti sè l la, li di l.

Ani : Devine kimoun m fèk sot wè la a.

Nali : Kimoun ou sot wè a?

Ani : Devine m di w devine wi. Jis di yon moun.

Nali : M pa konnen, m pa anvi di pyès moun.

Ani : Ok. M ap ba w yon ti poul. Yon zanmi nou gen anpil tan nou pa wè ki te lekòl avèk nou nan lise a. Li te vin pati. Anplis li te rete nan katye a.

Nali : An ! m konnen.

Ani : Kiyès sa, enben?

Nali : Yon fi oswa yon gason?

Ani : Si m di w si se fi oswa gason l ye, m mèt tou di w non l m fini.

Nali : Ok ! ban m tante chans mwen kanmenm : Andre?

Ani : Wè ! Ou tonbe ladan l dirèk. Kouman w fè konn se li pwiske nou gen plizyè timoun ki te nan lise a ak nou ki pati epi nou gen anpil tan nou pa wè?

Nali : Sa a fasil machè. Se li sèlman ki ka met gwosè lajwa sa a nan kè w. M konnen depi byen lontan, depi w wè ti nèg sa a, ou pa konn kote pou w met kò w.

Ani : O ! poukisa w di sa?

Nali : Sa vle di se pa vre?

Ani : Non. Ou pa ka di sa konsa.

Nali : Se sè m ou ye wi. M konn bout ou byen. Si se manti, ou mèt di m.

Ani : Bon ! An n kite sa.

Nali : Wi ! Men m pa t mande w anyen non mwen. Se ou k vin ap ban m koze.

Ani : M dakò. Men w twò cho pou mwen papa.

Nali : M ap chache yon jan pou m pa di w sa ankò. Men sa pa fè w pa kontan lè w tande pale de Andre sa a. Si w wè l menm, se pwoblèm. Poukisa w pa di l ou renmen l?

Ani : Gad yon tifi mesye ! Sa k pran w la a? Ou fè tankou w pa konnen tifi pa konn di ti gason li renmen l.

Nali : Kisa sa fè? Sa a se bagay lontan wi. Si w renmen moun nan, se pou w di l sa.

Ani : Se ansyen an m renmen mwen. Ou vle yo pran m pou sa m pa ye? Konnen w pa konnen. Depi w di yon nèg ou renmen l, li pran w mal. Li di w pa bon. Paske si w te bon, ou pa t ap di l sa. Ou t ap kite se li ki fè premye pa a.

Nali : Bagay sa yo se blag yo ye. M pa konn poukisa moun kontinye ap di bagay sa yo toujou nan tan eklere sa a. Gen anpil lòt nasyon ki pa konsa non. Si se gason an ki renmen tifi a, li di l sa. Menm jan an tou, si se fi a ki renmen gason an, li di l sa. Èske sa vle di fi lòt nasyon sa yo pa bon pou sa?

Ani : Antouka, m pa pral fè moun gade m mal mwen menm.

Nali : Sa vle di w pito ret mouri ak santiman an nan kè w olye pou w di sa w santi a, pou w retire chay sa sou kè w. Konnen w pa konnen jan w lib lè w di sa w santi olye w kite se moun k ap devine pou ou. Pafwa moun nan pa menm wè sa. Gen kèk lòt fwa, se kite l ap kite w pou l wè sa w ap fè wi. Talè konsa w ta di w pa gen chans.

Ani : Yo di pi piti pi rèd. Gade se vre. Tekwè se ti sè m ou ye. Ou vle di w gen plis lespri pase m. Si se te ou, ou t ap di l sa?

Nali : Kite se te mwen pou w wè. M t ap di l tout bagay.

Ani : Kite bagay sa a Nali, tanpri.

Nali : Pa ouvè je w ! Se ou k ap wè l wi.

Ani : Pandan m t ap pale ak li deyò a talè a. Li te mande m pou ou wi.

Nali : Se vre !

Ani : Wi. Li chanje nèt ou konnen.

Nali : Konsa wi, depi w gen anpil tan w pa wè yon moun, pwochèn fwa w wè l la, l ap parèt etranj pou ou epi w ap toujou wè l chanje. L ap difisil pou w wè se menm moun nan lè w ap gade l. Sitou si l te piti, dènye fwa w te wè l la... Mm !

Ani : M sot achte manba la a wi ak kasav okap, epi m gen lèt tou. Ou bezwen?

Nali : Ban m enpe lèt pito. Paske yo di manba bay moun bouton. Poutèt sa, pa gen okenn moun k ap fè m met bagay konsa nan bouch mwen. Ou ka ban m yon ti moso kasav tou souple?

Ani : Kote sa ! Manba pa bay bouton nan figi vre non. Se paske moun ki di sa a pa vle yo manje manba l wi ki fè l di sa.

Nali : Antouka, kit se te vre, kit se te manti, m p ap mete l nan bouch mwen. M bezwen figi m ret entak.

Ani : Enben w pral fè yon wout? Kilè n pral achte kèk bèl rad pou n fè frechè la a?

Nali : M poko konnen. Lè w vle. Konbyen kòb ou panse n ta dwe genyen pou n fè sa?

Ani : M pa kwè n ap bezwen anpil non. Paske magazen yo ap bay enpe rabè la a, se bagay serye! Ou pa ta panse gen jip k ap vann 50 dola, epi bon bagay ankò wi.

Nali : Pandan n ap pale de fèt la, gen yon pakèt pwogràm pou nou la a wi. Gen 2 anivèsè pou mwa a. Epi zanmi sa yo te gentan envite nou depi byen lontan. Ou sonje?

Ani : Se vre wi ! Epi gen yon maryaj nan mwa k ap vini an ankò.

Nali : M pa t konn maryaj la non mwen. Kimoun k ap marye a?

Ani : An ! ou pa t legliz la dimanch lan vre. Yo te fè anons lan wi. Emil ak Janèt k ap marye.

Nali : Men koze ! Bon ! epi fèt lekòl la ap nan de mwa wi, mete sou kan jenès legliz la ap òganize apre twa mwa a wi.

Ani : Men ka ! Enben n gen pwogràm pou tout ane a wi prèske. Men m pa kwè n ap gen ase lajan pou n achte rad nèf non, si nou ta vle mete youn diferan pou chak okazyon sa yo.

Nali : Bon ! ou pa janm konnen kot dlo pase l antre nan bwa joumou. Nou ka byen gen ase wi. Ou pa gen lafwa?

Ani : Fòk nou ta fè yon biznis la a. Paske m panse ak sa, n ap ka fè lajan nou fè pitit.

Nali : Epi nou ka antre nan yon sòl tou. Sa ka ede nou sanble kòb pou nou koumanse biznis lan.

Ani : Se premye men pou yo ta ban nou.

Nali : Pou sa, fòk sòl la ta moute ak nou.

Ani : Gen yon zanmi nou ki konn moute sòl wi. Li toujou manman. Se mande pou n ta mande l pou n wè lè l ap moute l ankò.

Nali : Wi. Ou vle pale de Nadin. Se yon zanmi nou pou n pran vre wi nan bagay sa a. Paske m pa vle moun ap roule m epi m pa ka touche lè lè a rive.

Ani : Nou ka fè Nadin konfyans paske li serye epi l gen eksperyans tou. Ou pral mande l sa pita?

Nali : Ou pa ka al mande l tou?

Ani : Non ! ou konnen li pi zanmi w pase m.

Nali : Tank tifi sa a timid ! Enben m pral pale avèk li pita.

Ani : M renmen w pou sa !

Nali : wi ! Se mwen ki toujou ap sove w. Se nòmal.

Sou ton sa a, Ani bo Nali epi l al nan chanm li epi Nali limenm kontinye ak lekti li t ap fè a anba galeri a.

~ * ~

Vocabulario
*Devine kimoun m fèk sot wè la a? – ¿Imagínate a quien acabo de ver?
Ok. M ap ba w yon ti poul - ok. Te daré una señal
Ok ! ban m tante chans mwen kanmenm – Ok! Déjame intentar de todas formas.

M konn bout ou byen – Te conozco muy bien.

Chay - Carga

*Kasav – Casabe / Yuca

Paske yo di manba bay moun bouton – Porque dicen que la mantequilla de maní da espinillas.

M bezwèn figi m rete entak – Necesito que mi cara permanezca intacta.

Yon *tikras pwòpte – U poco limpia

Dayè - Además

Fè frechè – Vestirse de gala

Rabè – Descuento

*Anivèsè – Aniversario

*Dirèk – Directo / Claro

Enpe – Un poco. Es más un Creol Francés.

*Konfyans – Confianza

*Lèt – Carta / Leche

*Maryaj – Matrimonio

*Nòmal – Normal

*Retire – Retirar / Remover

Ou pa janm konnen kot dlo pase l antre nan bwa joumou – Nunca sabes. Es un proverbio y literalmente significa '*Nunca sabes como el agua entra en la auyama.*'

Ou pa gen lafwa – No tienes fe

Pase m panse ak sa – Porque pensé en eso.

Pase – Porque : Aquí es una deformación de **Paske**.

Yon sòl – Un san. Es una actividad financiera en donde cinco o más personas toman un número, poniendo la misma cantidad de dinero, cada mes por persona y cada mes una persona colecta los fondos.

Paske m pa vle moun ap roule m epi m pa ka touche lè lè a rive -? Porque no quiero que las personas me engañen y después los demás no puedan recibir su dinero cuando les toque.

*Tank tifi sa a *timid! – Esa chica es tan tímida. En esta frase la palabra Tank es sinónimo de T*èlman* – *Así que, de modo que, tan.*

*Galri a – La galería : Refiriéndose al pórtico de una casa.

*Pwogràm – Programa

: Por Favor, Repasa *Aprenda Creol Haitiano Volumen 1.* Repasa la seccion de Notas Gramaticales, asegurandote de dominarlas adjunto de los vocabularios.

UNIDAD DIEZ Y NUEVE
18 me, Fèt Drapo
18 de Mayo, Día de la Bandera

Louna ak Erik se de moun ki vin sou channmas la ki chita anba pyebwa yo. Y ap poze. Lè w sot mache anba yon solèy cho, sou yon asfat k ap ponpe chalè, li toujou bon pou w jwenn yon kote w fè yon ti poz. Si pye w chape w tonbe sou channmas la, ou p ap pa fè yon ti poz ak bon van epi gwo lonbray pyebwa yo ap bay. Machann dlo menm ap siyonnen plas la ak dlo byen glase pou ede desann chalè a, rafrechi gòj la, epi met tèt la klè. Tout sou kote a y ap vann tout kalite bagay pou manje epi pou bwè. Soti nan aleken, pase nan fritay, koka, kola, kleren pou rive nan ji natirèl.

Louna: Ouf! Kite w fè yon ti chita. Kouman w ye la?

Erik: Mwen byen wi. E oumenm?

Louna: Chalè k ap fin ak moun. Karèm nan ap depoze chalè sou moun.

Erik: Chalè sa a pa nan jwèt non. Sitou gen yon solèy k ap taye banda l nan syèl la. M gen dlo wi, w ap pran youn?

Louna: Ou! Mèsi. Dlo a byen vini la a. Solèy la te tèlman cho nan tèt mwen, m bliye achte. Solèy la toudi m.

Erik: Bon! Li gentan fè tout chalè sa a bonè konsa, kouman sa ap ye menm, lè n nan mwa jiyè, out yo?

Louna: M pa konn jan n ap fè pitit. Epi w ka wè gen anpil lapli wi, nan lè sa yo. Sa k ka yon tijan bese chalè a pou ban n yon souf. Se pou w gentan prepare w tou pou w al nan plaj oswa nan pisin, paske se sa m wè ki alamòd nan moman an.

Erik: Fòk yon moun koumanse panse ak bagay sa yo vre wi. Epi m te konn al nan plaj anpil vre wi, nan tan lontan.

Louna: Sa k pase? Ou pa ale ankò?

Erik: M ale toujou wi, men se yon lè konsa. Responsabilite pa pèmèt mwen fè sa m te konn fè yo ankò.

Louna: Plis responsabilite, plis laj, lòt preyokipasyon.

Erik: Amèn!

Louna: Mwen, se andeyò m te konn ale, chak vakans. Nan lè sa a se te benyen nan rivyè, mache, kouche anba pyebwa, manje mango, manje kann. A! Se te yon lòt vi!

Erik: M regrèt m pa t ret jenn ni m pa t ka tounen timoun ankò.

Louna: Ni mwen tou. Domaj sa pa posib.

Erik: Ou konn sa m pa ka konprann la? Lè n piti, nou bezwen vin gran. Kou n vin gran, nou ta renmen vin piti ankò.

Louna: Wi. Lide sa yo toujou vin nan tèt nou vre wi. Men si n pa pran prekosyon, sa ka ralanti nou tou nan sa n ap fè.

Erik: Men bagay yo tèlman chanje tou!

Louna: Bon! Se konsa wi. Nou pa ka anpeche yo non. Menm lè n pa renmen jan yo vin ye a, chanjman ap toujou fèt. Se nou k pou travay pou bagay yo vire nan jan n vle a.

Erik: Gade Jodi a, 18 me. Ou pa wè jan lari a vid?

Louna: Nan ane ki sot pase yo, 18 me a te konn selebre pi byen vre wi. M pa konprann jan yo fete fèt drapo a menm, koulye a.

Erik: Mwen, nan tan m te lekòl, tout elèv konn met inifòm sou yo pou y al nan fèt la. Lè w rive nan lekòl la, yo konn ba w yon ti drapo, mete w nan bis pou w al chanmas. Tout lekòl te konn reyini, sitou pou lekòl leta yo. Yo konn mete yo sou liy, epi fanfa devan, y ap defile pou y al pase devan palè nasyonal.

Louna: Nan tan m te lekòl tou, tout kote nan peyi a te konn gen aktivite: parad, defile, sitou pou Akayè. Ou konnen se la drapo a te kreye epi prezidan an te toujou vin fè diskou la a tou.

Erik: Te konn gen joune tou pou jou sa a. Sa ki pa lekòl ankò te konn tou pwofite konje a pou y al nan lanmè Akayè, Senmak, Leyogàn, Gresye, elatriye.

Louna: Se sa k te konn koz gen anpil blokis sou wout nò a, epi te konn gen aksidan tou wi.

Erik: M sonje yon ane, se nan palè a lekòl mwen an te envite. Chak inite nan lapolis la t ap fè parad pa yo nan lakou palè a, ou konnen pa gen lame depi 1994. Epi te gen yon kolonn majorèt, enpe abiye an wouj, enpe an ble, apre sa, rès yo an blan. M sonje yo te gen yon koegrafi yo te fè. Lè w gade yo anlè, nan elikoptè, ou wè yo ekri "LAPE" ak koulè drapo a. Bèl bagay! Epi, jou sa, prezidan repiblik la te fè de diskou pou jounen an. Youn nan Akayè, youn nan lakou palè a.

Louna: Koulye a, bagay sa yo pa ka fèt ankò, paske menm palè n pa genyen. Goudou goudou kraze sa.

Erik: Koulye a vre, se didje, se festival y ap fè nan Mayami. Epi tout elèv chita lakay yo. Apenn si w ka jwenn kèk moun k ap fè parad nan zòn channmas la. Sèl sa k toujou kenbe, se diskou prezidan repiblik la nan Akayè. Apre sa, tout bagay frèt.

Louna: Gen moun ki toujou al nan plaj tou. Epi gen yon mesye ki toujou moute yon chwal ak rad ansyen moun yo sou li epi yon chapo nan tèt li tankou ansyen jeneral yo.

Erik: Se vre! Ou konn wè l tou?

Louna: Wi, se prèske tout vil la wi li konn siyonnen ak chwal li a. San w pa panse konsa, pandan w nan bis oswa nan kamyonèt, sitou lè w nan blokis, ou konn wè l ap pase nan mitan machin yo sou chwal la.

Erik: Ata epe m konn wè l genyen bò kòt li tou wi. Fò w ta di se Desalin.

Louna: Men m santi san ak konsyans patriyotik la diminye anpil nan jou sa yo. Ou pa remake sa?

Erik: Se menm konsta a m fè tou wi. Epi se pa nou sèlman ki wè sa non. Se tout moun k ap plenyen pou menm bagay la tou. Sitou pou ansyen yo. Timoun koulye a pa menm konnen sa drapo a reprezante pou nou. Yo pa menm byen konn istwa peyi a. Fòk ou pa sezi si w wè gen moun ki nan klas tèminal epi ki pa menm konn im nasyonal la.

Louna: Sa a anraje vre wi.

Erik: Se koulye a y ap eseye retounen ak kou sivik e moral la ankò wi nan lekòl yo. Timoun yo pa menm konn sa sa vle di lè yon moun se yon sitwayen ayisyen ni kisa drapo a reprezante. Pase, gade! Lè tout elèv lise ak elèv lekòl nasyonal an ran, fanfa devan, epi n dèyè, n ap chante chan liseyen yo. Ou santi w renmen peyi a! Ou santi kò w ap fè chèdepoul. Ou santi w se yon ayisyen konsekan. Epi moun k ap gade w oswa k ap tande w konn pran nan kouran an tou.

Louna: Nan tan sa yo vre, moun te konn santi pwa mo ak pawòl ki nan Desalinyèn nan. Sitou dènye kouplè a kotel di sa bèl anpil, se pou peyi w ou mouri. Jan bagay yo ye koulye a, ou pa santi w renmen peyi a ankò. Moun ki pou pran desizyon yo, yo moutre w yo pa renmen peyi a ak vye chwa y ap fè yo epi tout boulvès ki genyen yo.

Erik: Men menm lè w wè yo konsa a, se lè w nan peyi a. Kou w kite l, se lè sa a w ap wè jan w renmen l. Tout bagay mal yo di sou li, w ap santi w deranje.Tout sa ki bon y ap di sou li, w ap santi w fyè.

Louna: Wi, yo di sa vre wi. Bon! Si n kontinye ap pale sou jan bagay yo te ye, n ap pase jounen an la a, nou p ap janm fini. Kite m ale tande.

Erik: Ou rete lwen?

Louna: Wi. M pral jis laplenn l. Oumenm, se moun nan vil la, w rete?

Erik: Wi, la a sou Bèlè m rete. De pa, m lakay mwen.

Louna: M ale! Pase bon jounen.

Erik: Mèsi. Pase bon lajounen tou!

Yo separe. Louna al lakay li epi Erik ret ap tann yon ti van sou plas la toujou.

~ * ~

Vocabulario
Channmas – Es el nombre de un parque próximo al palacio presidencial.
Sou yon asfat k ap ponpe chalè – En una carretera que emana caliente.
Si pye w chape w tonbe sou channmas la – Si por alguna fortuna llegas a Chandmas. Es una expresión en Creol indicando que si por casualidad visitas un lugar...
Gwo lonbray pyebwa yo ap bay – Los arboles les dan buena sombre
Rafrechi gòj la – Refrescar la garganta
Met tèt la klè – Aclarar la mente
Soti nan aleken, pase nan fritay, koka, kola, *kleren pou rive nan ji natirèl. – Comida Rápida incluyendo *Coca-Cola, alcohol hasta terminar en jugo natural.*
K ap taye banda l nan *syèl la – Que es brillando en el cielo.
Solèy la toudi m – El sol hace que me maree.
Pou ban n yon *souf – Para darnos un descanso.
Plis *responsabilite, plis *laj, lòt preyokipasyon – Más responsabilidad, más edad, otras ocupaciones.
***Benyen nan *rivyè** – Baño en el rio
Manje *mango – Comer mango
Manje kann – Comer caña
Pran prekosyon – Tener cuidado
***Desizyon** – Decisión
***Diskou** – Discurso
***Fete** – Fiesta
***Jiyè** - Julio
Sa ka ralanti nou nan sa n ap fè – Eso puede retrasarnos en lo que hacemos.
***Chanjman ap toujou fèt** – Siempre hay nuevos cambios
Fèt drapo – Día de la bandera. *Es un día nacional celebrado en Haití honrando la bandera del país, donde todas las personas llevan una bandera.*
***Elikoptè** – Helicóptero
Goudou goudou kraze sa – El terremoto lo derribó. « *Goudou goudou* » es el nombre de un terremoto que pasó en Haití.

Didje - DJ

*__Konsyans__ *__patriyotik la diminye anpil nan jou sa yo__ - La conciencia patriótica ha menguado estos días.

Se menm konsta a m fè tou wi - Me di cuenta de lo mismo.

Im nasyonal la - Himno Nacional

Sa a anraje vre wi - Eso es verdaderamente exagerado.

Kou *sivik e moral - Cursos cívicos y morales.

Fè chède poul - Hacerte la piel de gallina / erizarte la piel

Santi pwa mo - Sentir el peso del mundo

Maskarad - Disfraz / Fiesta de mascaras

Tout *boulvès - Toda la adrenalina

W ap santi w fyè - Te sientes orgulloso

*__Sitwayen__ - Ciudadano

: **P**or Favor, Repasa *Aprenda Creol Haitiano Volumen 1.* Repasa la seccion de Notas Gramaticales, asegurandote de dominarlas adjunto de los vocabularios.

Klod: Mario! Vini m pale w!

Mario: Sa w fè m?

Klod: Vin non menn!

Mario: Men mwen.

Klod: Yon soti m bezwen fè la a wi patnè. Ou pa gen yon parapli prete m souple?

Mario : Gen lakay la wi, men se pa pou mwen.

Klod : Mande youn prete pou mwen non frè m.

Mario : Se pa gason w ye? Sa w fè parapli a?

Klod :Koulye a w ap blaze m. A! pa blo patnè w non menn.

Mario: Te kwè se fanm ki toujou bezwen bagay sa yo lè y ap soti.

Klod : A monchè ! Sa w ap di la a. Ou pa wè jan tan an mare figi l? Li sanble ka fè lapli wi. Sitou n nan yon sezon lapli.

Mario : Kisa sa fè w fè yon ti mouye? Ou pa sik, ou pa sèl sa vle di w p ap fonn. Ni w pa papye pou di w ap chire.

Klod : M pa di m se bagay sa yo non. Men m gen dwa pa vle mouye. Se sa k fè m bezwen parapli a prete wi.

Mario : Enben achte youn pou si w pa vle mouye.

Klod: M te gen youn wi. Dayè m te toujou konn gen parapli.

Mario : Kouman w fè pa genyen koulye a?

Klod: Monchè! Pandan m nan yon restoran lotjou, parapli m te avè m. Te gen yon demwazèl ki tèlman bèl m te wè sou yon lòt tab, poukont li. M pa kache di w sa, m leve m al pale ak li. Nan bay pawòl, m bliye si parapli a te nan bò chèz m te chita a. Pawòl la tèlman bon, lè demwazèl la vin ap prale, m tou akonpanye l. Men kouman m pèdi dènye parapli m lan.

Mario : Ou pa ka tounen al chache l?

Klod : Se bagay depi lotjou wi m di w. Epi se jis Monwi m te nan restoran an. Ou imajine pou m ap peye machin oswa boule gaz sot Douya pou m al laba a pou sèlman yon parapli ! Epi m pa menm konnen si m ap jwenn li menm. M ka pran kòb machin sa a oswa kòb gaz sa a m achte yon lòt pito.

Mario: Enben poukisa w pa achte yon lòt pou w ranplase l?

Klod: Si m te gen kòb pou moman an, m t ap achte yon lòt vre wi. Epi menm si m ta gen kòb la nan pòch mwen la koulye a, m pa t ap jwenn achte nan lè sa a.

Mario : Gen magazen ki ouvè nan lè a. Men se petèt jis Petyonvil pou w ta monte.

Klod : Ou wè bagay yo ! M p ap gentan al jis anwo a la a. Menm lè m ta prale m te ka tèlman jwenn blokis, m pa menm gentan tounen pou m al kote m bezwen an.

Mario : Kote w prale menm? Ki fè ata parapli w bezwen epi w mete w fre kou kola kenz lan.

Klod: Se menm demwazèl sa a wi, m te kontre Monwi, m sot di w la. Se avè l m gen randevou a.

Mario : Devwazèl sa a, li pa wè lapli pare? Li pa ka mache ak parapli pa l, limenm?

Klod : Sa w ap di konsa blòdè? E si l pa ta mache avèk youn epi m ta anvizaje vin ak youn nonplis, epi lapli a ta pral tonbe?

Mario : W a debouye w. Oswa tou, n a mache anba lapli a, men nan men, lè n pral moute machin nan ak lè n desann.

Klod : Konsa w ta renmen patnè w lèd?

Mario: Sa a pa t ap lèd monchè. Sa a rele romans. Lapli a t ap fè l frèt, konsa l t ap oblije apiye sou ou pou fredi a, epi w t ap tou pwofite retire vès ou pou w ba li met sou tèt li. Ou wè se pou ou m ye lè m pa vle mande parapli a prete pou ou a?

Klod : Monchè se mwen k ta pou di w jan m gen yon patnè ki blaze yon lè. Misye ap sot nan kou ak yon demwazèl nan klas li a, gen yon lapli k pare, ki preske tonbe. Kout loraj ap plede fèt epi zeklè menm ap trase nan mitan nyaj nwa ki gen nan syèl la. Yon sèl kou l fè nwa. Misye kanpe ap tann machin ak demwazèl la. Yon bis vin ap pase, li rete l. Li di ti fi a li mèt ale paske se tou pre a li rete. Se paske l te avè l kifè l t ap tann machin nan. Ti fi a di misye mèsi, li monte l ale epi l di misye ankò : « Antre lakay ou touswit wi ». Kou a te sou Dèlma a epi misye ta pral jis Taba.

Mario : Kisa k fè misye pa t pran bis la menm?

Klod : Bis la t ap monte Petyonvil, misye limenm t ap viv laplèn. Li te ka gentan ale lontan sa wi. Men l te pito rete ap pale ak tifi a. Koulye a misye pa ka jwenn kamyonèt, ni bis leta yo pou l ta desann. Lapli a di : « Men mwen ! » Misye mouye pat. Se a pye l oblije mache anba lapli a jis li rive nan 33 a. Koulye a l resi jwenn yon kamyonèt pou Jeral Batay. Ni l pa t ka chita paske l te mouye. Li te oblije pran sèso. Sa k pi mal la, kou misye rive nan 33 a, lapli a pase.

Mario : Bagay konsa p ap rive w paske w ap nan machin prive oumenm.

Klod: Wi, se vre. Men kote m ap pakin machin nan pa kole ak kote m gen randevou a. Se nan yon konsè n prale, kote sa a pa gen pakin disponib pou espektatè yo. Pakin yo rezève pou gwoup yo ak oganizatè yo.

Mario : Nan ka sa a, ou oblije peye m wi pou m al chache parapli a prete pou ou.

Klod : Kisa w ap fè apremidi a?

Mario: Poukisa w mande m sa a?

Klod : Ou te ka tou vin ak nou.

Mario : Mwen poukont mwen epi nou de a ! Non, mèsi. Kouman m pral ye la a mwen? Se mwen k pral bòdigad nou?

Klod : Sa sa fè?

Mario : Ou pa serye non menn. Ou pa t ap ri m si m ta asepte soti avè n san m pa akonpanye tou?

Klod : Sa a pa grav jan w panse a non. Bon ! Si w pa prale, m dwe w.

Mario : Oumenm ! dwe m ! Non, non !Ou gen may twòp pou mwen.

Klod : Enben di m sa w vle a? Paske m bezwen parapli a epi se sèl oumenm ki ka fè m jwenn li pou moman an.

Mario : Ok ! W ap prete m machin ou an vandredi k ap vini an. Paske ap gen joune koulè nan lekòl la.

Klod: Pa gen pwoblèm.

Mario: Ak tout gaz wi.

Klod : Tout bagay sa menn! Pou yon ti parapli.

Mario : Ou dakò oswa w pa dakò? Paske pa gen negosyasyon.

Klod : Ok, pa gen pwoblèm. Ou mèt al dèyè parapli a.

Mario : Fòk ou ban m yon bagay kòm prèv ke w dakò. Paske talè w ka di w pat dakò kondisyon.

Klod: Aaa! Sa pwouve w pa fè m konfyans kòm patnè w.

Mario: Ou ban m twòp move kou konsa deja epi m bezwen machin nan vre.

Klod: M pa ka ba w ni lisans mwen kenbe, ni kat idantite m, ni telefòn mwen paske m ap bezwen yo pou m itilize. Gade ! Si m pati ak machin nan vandredi, ou mèt tou kenbe chèk y ap ba w pot pou mwen an vandredi apremidi.

Mario : Ok ! Ret tann mwen la, kite m al dèyè l prete pou ou.

Klod : Ou ta dwe tou ban mwen l wi. Paske m fè tout pale sa a epi w ap fè m al travay a pye vandredi si Bondye vle.

Mario : M pa ka ba w sa k pa pou mwen. Ou konn sa byen.

Klod : M ap tann ou. Ale non. Fè vit, lè a prèske rive.

Mario al chache parapli a epi Klod estat machin li pandan l ap tann Mario tounen.

~ * ~

Vocabulario

Koulye a w ap blaze m – Ahora me estas menospreciando.

A! pa blo patnè w non menn - ah! No decepciones a tu compañero, amigo.

*__Sèl__ - Sal

Fonn – Disolver (se)

Ni w pa *papye pou di w ap chire – No eres papel tampoco para decir que te vas a romper

Sa w ap di la a blòdè? ¿De qué estás hablando, hermano?

Anvizaje – Considerar / Visualizar

Konsa w ta *renmen patnè w lèd – Te gustaría que tu amigo este tan feo.

Sa a rele *romans – Esto se llama romance

*__Apiye__ – Apoyo / Apoyar

*__Batay__ – Batalla

*__Chèk__ – Cheque

*__Travay__ – Trabajo / Empleo. También escucharás la deformación de la palabra inglesa Job **"*Djòb"**

*__Dwa__ – Deber / Ley / Derechos

Kout *loraj ap plede fèt epi zeklè menm ap trase nan mitan *nyaj nwa ki gen nan syèl la – Hay truenos, rayos y hay una nube negra en el cielo.

Li te oblije pran sèso – Él estaba forzado a quedarse parado en la parte de atrás del autobús.

Pakin machin nan – Parqueo

Espektatè yo – Espectadores / Audiencia

Se mwen k pral bòdigad nou? – ¿Seré yo el guarda espalda?

Ou gen may twòp pou mwen – Eres demasiado listo para mí.

A tout gaz wi – Con el tanque lleno.

Klod estat machin nan - Klod inicia el auto. Estat es la deformación de la palabra inglesa Start. La nueva generación tiende a deformar las palabras y usarlas en Creol.

*__Resi__ – Recibo / Factura

Notas Gramaticales

Favor entender que estos son solo puntos Gramaticales para refrescar tu memoria. Si crees necesitar ayuda con la Gramática para mejorar tus habilidades, favor repasar Aprenda **Creol Haitiano** volumen Uno. Este libro no está destinado para gramática. Es específicamente para nivel avanzado y conversaciones.

Te : Es usado para formar el pasado de los verbos.
Te pale – Hablé / He hablado.

Te konn : Es usado en Creol para crear un tiempo habitual en el pasado, parecido al "Solía".
Te konn pale – Solía hablar / Hablaba. **Te konn bwe** – Solía beber / Bebía.

Adjetivos Posesivos.

En Creol solo necesitas color el Pronombre Personal después del objeto a poseer.

Lakay li – Su casa / Del El / De Ella
Kay mwen – Mi casa

Dependiendo de la región del país existen variantes **"Kay mwen"**, **"Ka mwen" "laka mwen"**,
Ej. Pwofesè a mande m pou m al laka mwen.
Kay mwen pa lwen isit la non.
Ka mwen pa lwen isit la tou non

También puedes usar la palabra *Pa*, que significa **"por / para"** para formar el posesivo en Creol.

Lakay pa m – Mi casa
Lakay pa l – Su casa / Del Él / De Ella

Notas: Cuando uses esta forma, los pronombres personales deben estar en su forma corta o contracta, con la excepción de **"Yo"**, el cual nunca se abrevia.

Ap es usado para formar en Gerundio "ando / iendo".
Normalmente los haitianos tienden a usar para expresar un futuro

próximo así también como el gerundio. Casi todo el tiempo usa los pronombres personales en su forma contracta, con la excepción de **Yo.** Nunca se abrevia.

M ap pale – Estoy hablando
W ap manje – Estás comiendo

Fòk – Deber / Tener que
Fòk ou pale – Debes irte / Tienes que irte

Sot: Lo usas antes de cualquier verbo para indicar una acción que acaba de pasar o que pasó recientemente.

M fin sot manje – Acabo de comer.
Moun ki sot pase – Las personas que acaban de pasar.

Fin: La abreviación del verbo Fini puede ser usada para indicar una acción que apenas ha concluido. **M fin manje** – Acabo de comer / Vengo de terminar de comer.

Mwen fin pale – He terminado de hablar.

Ale puede ser usado de varias formas, imperativo, futuro próximo.
Al manje - Ale manje – Come / Ve come / Voy a comer.

Puede ser imperativo o solo una afirmación dependiendo del contexto.

Prale se usa para formar el futuro. Su versión deformada es "Pwale" También se usa "Pral o Pwal" es lo mismo, solo que abreviado.

Mwen prale etidye – Estudiaré / Voy a estudiar.
Kisa ou prale fè? ¿Qué Harás? / ¿Qué vas a hacer?

Mèt – Los Haitianos usan el verbo mete en su forma contracta para permitir o dar permiso.

Ou mèt manje – Puedes comer
Ou mèt pale – Puedes hablar

Una vez más, asegúrate de repasar los puntos Gramaticales en **Aprenda Creol Haitiano Volumen Uno** para mejores resultados

Definición de Palabras - Diccionario

Abi – Abuse: Itilize pouvwa fòs sou yon lòt ki pa gen defans. Move aksyon yon patwon sou anplwaye li.

Abitid- Habit Yon aksyon ki repete anpil fwa tankou ale dòmi chak swa a dizè.

Abiye- dress: Mete yon rad ki diferan de rad moun mete lakay yo chak jou. Aksyon yon moun ki oblije mete yon rad pou li rantre yon kote patisipe nan yon seremoni.

Achte- Buy / Purchase : Ale kote moun vann machandiz pran yon bagay epi peye pou li.

Adapte - Adapt: Aksyon yon vivan lè li ranje kò li pou viv nan nenpòt zòn avèk nenpòt lòt èt vivan.

Ak – With / And : It is the abbreviation form of **Avèk** : Yon prepozisyon yo itilize pou ini de pawòl de lide de bagay.

Aksidan – Accident : Yon evènman ki rive san pyès moun pate prepare li pou li te rive nan fason li rive a. Aksyon de chofè ki kite machin yo ap kondi ale frape ansanm.

Aktivite – activity : Deplasman. Mouvman. Tout mouvman tout deplasman yon bagay yon moun. Tout travay moun fè.

Ale – Go : Deplase kite yon zòn pou rive nan yon lòt zòn.

Almay – Germany Yon peyi nan kontinan Ewòp kote moun yo ap pale Alman.

Alo Hello – Hi Yon ekspresyon moun itilize pou salye etranje yo rankontre sou wout yo. Premye mo yon moun di lè li reponn yon telefòn ki te ap sonnen lakay li.

Amerik – America : Yon nan senk kontinan yo nan monn: Ewòp Azi Afrik Amerik Oseyanik. Kontinan sa a divize an plizyè pati: Amerik Nò kote Kanada Etazini avèk Meksik ye; Amerik Sid kote Ajantin Chili Kolonbi Venezwela e latriye ye; Amerik Santral ki gen Ondiras Beliz e latriye; Amerik Latin nan kote Ayiti Dominikani e latriye ye.

Ameriken – American: Non tout moun ki ap viv nan sou kontinan Amerik la. Malgre sa anpil moun panse Ameriken se moun ki ap viv nan peyi Etazini.

Anba – Below / Under: Plas tout bagay ki pi ba pase yon lòt bagay

Andeyò - Out / Outskirt – **Countryside** : Yon bagay ki pa nan espas yon lòt bagay. Eta yon ti bebe ki soti nan vant manman li apre akouchman. (Yon kote ki pa vil la. Countryside)

Ane – Year : Yon konbinezon twa-san-swasant-senk (365) jou twa-san-swasant-sis (366) jou ki divize an douz (12) mwa. Senkant-De (52) semèn. Yuit-mil-sèt-san-swasant (8.760) èdtan. Senk-san-vennsenk-mil-sis-san (525.600) minit. Tranteen-milyon-senk-san-trant-sis-mil (31.536.000) segond.

Anglè- English / British: Lang moun pale nan plizyè peyi tankou Etazini, Angletè, Afrik Sid avèk anpil lòt peyi toujou. Non moun ki fèt nan peyi Angletè moun ki pran nasyonalite peyi sa a.

Anivèsè - anniversary Jou yon evènman te rive pou premye fwa epi moun kontinye selebre li chak fwa jou sa rive nan yon ane.

Anpeche - Prevent/ Hinder / Block : Elimine posiblite pou libète egziste. Bare yon moun pou li pa kapab fè yon bagay li vle fè.

Anpil - A lot: Yon kantite ki egzije tan pou konte li. Yon gwo kantite.

Anplwaye – Employee : Moun ki ap travay avèk yon biznis yon konpayi yon òganizasyon leta yon peyi. Yon moun ki gen yon anplwa.

Anrejistre – Record : Kenbe, konsève yon bagay tankou ekriti son imaj yon kote pou jwenn li lè gen bezwen pou itilize li. Son ki anrejistre sou kasèt-son moun kapab koute li menm apre anpil tan. Imaj ki anrejistre sou yon kasèt-imaj moun kapab gade li nenpòt lè.

Ansyen - Old : Eta nenpòt bagay apre plizyè ane fin pase depi li te kòmanse egziste. Tout bagay ki pa kòmanse egziste konnye a jodi a. Yon moun ki pèdi yon tit li te genyen. Yon moun ki la depi lontan nan yon travay, enstitisyon, legliz... yon moun ki k ap pratike yon metye depi lontan.

Anvan – before Pran resevwa priyorite sou yon lòt. Tout lòt vini apre sa ki vini anvan tankou en vini anvan de de vini anvan twa e latriye.

Anvi - Wish : Moso ki manke pou fè yon lòt rive konplè. Espwa pou jwenn satisfaksyon.

Anyen- Nothing : Zewo. San valè. Chif ki lye tout nonb pozitif avèk nonb negatif yo. Pozisyon yon moun ki pa pou ki pa kont yon bagay.

Ap - Particle to form the gerund: Yon mo lè li devan yon lòt mo fè konnen devlopman yon aksyon ki apèn kòmanse.

Apeti – appetite Espas vid nan lestomak yon moun ki fè li anvi manje. Yon fòs envizib ki fè yon moun anvi fè yon bagay tankou tout jèn gason gen apeti pou bèl fi.

Apiye – support Pran fòs sou yon lòt. Resevwa fòs asistans de yon lòt. Espwa pou resevwa sa ki nesesè de yon moun.

Aplodi - applaud: Aksyon moun k' ap frape de pla men yo ansanm pou ankouraje aksyon yon lòt moun. Nenpòt aksyon moun pou ankouraje aksyon lòt rekòmanse.

Aprann – to learn Pran konesans nan koute li etidye fè eksperyans.

Apre – Then/ After / Later : Swiv sa ki nan pozisyon devan an.

Apre Demen - After tomorrow: Jou ki sib jou ki ap vini demen an.

Apre Midi – Afternoon: Yon minit apre mitan yon jounen pou jis rive sis lè nan aswè.

Apresye – appreciate Montre yon bagay yon moun li gen valè.

Arete – to arrest Tonbe anba kontwòl militè polis pou ale nan prizon epi tann jijman.

Asanble - board – assembly : Anpil moun ki rasanble pou yon menm rezon yon kote. Depite avèk senatè ki rasanble pou diskite e fè lwa pou yon peyi.

Ase – enough Kont. Pa mete pa retire nan kantite wotè yon bagay deja ye.

Asistan - assistant : Yon moun ki bay yon moun sipò ki pèmèt moun sa kontinye yon bagay li te kòmanse yon bagay li vle fè.

Asosyasyon- partnership / association : Gwoupman plizyè moun pou yo sib yon lide ansanm pandan Yon ap ede lòt reyalize lide a. Aksyon de moun pou pi piti ki mete ansanm pou yo reyalize yon lide tankou ouvri yon biznis.

Atake – attack Mache rantre sou yon moun avèk fòs gwo pawòl pou entimide li touye li tou si sa posib.

Atè a – On the ground: Kole sou fas tè a. Soti anlè epi desann kole sou fas tè a.

Atis- Artist : Yon moun ki fè travay literè tankou ekri chante pwezi fè penti e latriye. Yon moun ki konnen kreye imaj nan desen avèk ekriti. Yon atis kapab pran nenpòt imaj ki nan tèt li epi transfòme sou fòm reyalite.

Atizan – Craftsman : Yon moun ki kapab fè yon travay prèske menm jan yon pwofesyonèl fè li. Moun ki itilize men li pou fè yon travay ki pa itilize machin pou fè travay li.

Atizana – crafts: Travay yon atizan. Travay yon moun ki bay yon rezilta menm jan yon pwofesyonèl te kapab fè li.

Avril –April Katriyèm mwa nan yon ane ki gen kat semèn trant jou nan li.

Ayiti – Haiti : Yon peyi nan Amerik Latin nan ki sou menm lil avèk Sendomeng: Ayiti okipe zòn lwès lil la e Sendomeng okipe zòn lès la. Premye peyi nan tan kolonizasyon ki te pran endepandans li. Premye repiblik ras nwa fòme nan istwa limanite.

Bagay – Thing : San valè. Yon mo ki dekri tout sa moun vle di lè non yo bezwen an pa disponib pa vle soti nan memwa-kout moun.

Bal – dance Reyinyon plizyè moun pou selebre yon evènman yon okazyon avèk mizik pandan plizyè èdtan. Yon moso metal ki soti nan bouch yon zam apre yon eksplozyon andedan yon zam.

Balkon an – Balcony: Yon galri nan yon kay ki anlè. Yon kay ki gen plis pase de etaj.

Ban – Give : Is a form of the verb **Bay** : Transfere yon pwopriyete soti nan men yon moun pou ale nan men yon lòt moun.

Bank Bank   Yon enstitisyon ki okipe afè lajan pou yon peyi yon gwoup moun yon gwoup peyi. Bank sèvi tankou medyatè ant moun ki gen lajan pou prete e moun ki bezwen prete lajan. Kote moun ki gen kòb sere kòb yo. Kote moun mete lajan yo posede pou prete moun ki bezwen prete; konsa yo kapab fè benefis sou lajan yo.

Bannann banana - plantingGrenn yon pye bannann. Bannann parèt nan pye a apre yon flè plant sa a fini fleri seche epi tonbe atè.

Baskèt-basket Yon ti panyen ki fèt avèk latanyen zo palmis ti moso banbou. Kèk fwa yon baskèt gen yon lans.

Bat - Hit / Fight : Depase fòs yon lòt nan yon konfwontasyon. Bay kou ak yon bagay takou fwèt, pwen, men, pye elatriye.

Batay-battle Rezilta yon diskisyon ki pouse de moun fache ki pouse plizyè moun rantre nan yon konfwontasyon vyolan.

Bato- boat Yon gwo konstriksyon ki chita sou lanmè e ki kapab vwayaje sou lanmè tou.

Batri- battery / Drums : Yon sous elektrisite ki dire yon kantite tan. Sous elektrisite sa diminye piti piti pou jis li disparèt. Yon pwazon majik ayisyen mete sou wout yon moun pou touye li. Yon enstriman ki gen yon pakèt pati ladan l moun ki nan djaz yo jwe.

Bay – Give : Transfere yon pwopriyete soti nan men yon moun pou ale nan men yon lòt moun.

Bebe – Baby:Yon timoun piti ki baze nèt ale sou granmoun li manman li plis pou tout sa li bezwen.

Bèf-cow: Yon gwo bèt ki manje zèb e ki kapab rale manje soti nan vant li pou manje lè li grangou. Yon bèf gen de kòn de zòrèy yon gwo tèt yon gwo bouch yon gwo lang kat gwo pye avèk yon ke long. Bèf gen yon son li fè ki sonnen tankou: Mmmmou...

Beni-bless : Eta yon moun yon bagay tankou manje moun pwal manje ki resevwa benediksyon.

Benyen-bathe : Rantre yon kò nan yon likid ou byen nenpòt lòt bagay. Yon machin kapab pase sou yon wout epi benyen moun avèk pousyè. Lave yon kò avèk dlo.

Berejèn-eggplant : Grenn vyolèt yon plant kout bay e li fè bon legim ke anpil ayisyen renmen. Gen anpil ayisyen ki pa manje li tou paske berejèn fè moun sa yo malad.

Bezwen – Need : Nenpòt kantite ki manke pou fè yon bagay konplè.

Bib - Bible: Premye liv moun ekri pi ansyen liv ki egziste. Gen anpil liv nan Bib la. Prèske chak apot Jezi Kris yo te ekri Yon nan liv sa yo. Kèk nan liv yo se travay plizyè apot ansanm.

Bibliyotèk – library : Yon kokennchenn kantite liv ki rasanble ansanm yon sèl kote pou lektè jwenn pou yo li. Lekti nan prèske tout bibliyotèk gratis. Men yon moun oblije gen kat yon bibliyotèk pou li kapab ale lakay li avèk yon liv. Anpil liv yon moun ranje nan yon kwen lakay li.

Bis – Bus : Repetisyon yon bagay paske yon odyans mande li yon lòt fwa anplis. Yon gwo machin ki sanble avèk yon kamyon men pasaje kapab rantre andedan li pou vwayaje. Pasaje yon bis kapab evite chanjmann nan tanperati a tankou lapli avèk solèy cho.

Biwo – office: Yon tab ki gen tiwa pou mete plim papye kreyon e latriye. Yon chanm yon kay moun ki ap fè biznis itilize pou resevwa kliyan yo. Yon chanm andedan yon biznis kote responsab biznis la fè tout travay li.

Biznis – Business : Vann machandiz sèvis pwofesyonèl. Yon kay ki gen moun k ap fè biznis vann machandiz , vann pwofesyonèl sèvis andedan li.

Blag – Joke : Yon konvèzasyon sou anpil bagay san konsantre sou yon sijè an patikilye. Moun bay blag avèk moun ki nan menm jenerasyon avèk yo ou byen anviwon menm laj avèk yo. Yon diskou ki fè odyans la ri.

Blagè – Joker : Yon moun ki konn bay blag. Yon blagè konnen tout ti aranjman pou li fè nan yon blag pou moun chita tande e pou moun ri tou.

Ble – blue : Yon koulè ki sanble avèk koulè syèl la koulè yon basen dlo. ~ maren Yon koulè ble ki prèske nwa. Yon vejetab fèmye kiltive nan peyi Etazini e yo fè farin avèk li.

Bon – Okay / Good: Tout bagay ki ale egzateman jan sosyete a espere li te dwe ale. Tout bagay moun renmen gen nan bouch yo. Yon nouriti moun renmen. Nenpòt sa ki fè yon moun santi li byen.

Bonbon – Chocolate : Yon bagay ki tèlman bon yon sèl mo bon pa kont pou di li bon. Nenpòt pat farin melanje avèk dlo sik e latriye epi ki ale nan fou.

Bondye – God : Espri diven tout relijye kwè ki kreye syèl la avèk tè a. Gran frè Satan ki te chase Satan epi voye li sou tè a paske Satan te vle pran monn nan men li. Yon sèl espri tout relijye ap sèvi. Yon espri ki toujou prezan.

Bonjou – Good Morning : Yon mo moun nan ti kiminote yo itilize pou salye lòt moun yo rankontre nan maten. Swè yon moun fè yon lòt pou jounen moun sa pase byen

Bonswa – good evening : Yon mo moun nan ti kominote yo itilize pou salye yon lòt moun lè yo rankontre li aswè apre mitan jounen an. Swè yon moun fè yon lòt avèk espwa sware moun nan ap ale pase byen.

Bouch- mouth: Yon tou kote yon bagay kapab antre andedan yon lòt. Yon tou nan figi moun e anba nen moun. Moun itilize li pou manje bwè pale chante e latriye.

Boulvèse- blush - anger/Toumante. Eta yon moun ki pa kapab reflechi nòmalman ki anvi vomi kèk. Eta yon moun ki pa janm kontinye yon travay yon konvèsasyon anyen ditou lè li kòmanse li.

Bourik – Donkey: Yon bèt kout ki kapab pote anpil chay. Yon bèt ki nan menm fanmi avèk cheval men li pi piti pase yon cheval e li gen zòrèy long. Papa yon milèt. Yon moun ki gen reyaksyon vyolan menmsi yon lòt moun byen dous avèk li. Yon moun ki pa konn jwe men ki konn goumen byen.

Bous – Purse / Handbag : Yon ti sak fi kenbe nan men lè yo soti lakay yo e ki kapab genyen kòb fa e latriye andedan li. Yon ti sak ki vlope an de pou gason mete tout enfòmasyon enpòtan yo bezwen kenbe nan pòch yo avèk lajan pou yo depanse.

Boutèy – Bottle : Yon resipyan bouch li kapab gen lajè kont pou yon dwèt pous rantre men anba li kapab kenbe anpil likid.

Bouton – Button : Yon ti moso zo metal avèk de ou byen kat ti tou nan li ki pèmèt moun fèmen rad sou yo. Yon ti boul maladi ki grandi soti nan kò yon èt vivan. Yon ti moso plastik metal teknisyen mete sou deyò yon aparèy pou pèmèt moun ki ap itilize aparèy la kontwole pyès andedan aparèy sa a.

Bwa – Wood / Tree: Moso yon plant tout kò plant lan menm. Anpil peyizan ayisyen di bwa mango fè bon planch. Pati entim nan kò yon gason. Ponyèt yon moun.

Bwat – Box : Yon bagay ki gen sis fas.

Bwè – Drink : Mete yon likid nan bouch pou li glise desann nan vant. Fè likid rantre nan yon lòt kò.

Bwi – noise: Nenpòt son ki an dezòd. Yon son ki pi wo pase sa ki te egziste anvan li.

Byè – beer: Yon bwason ki gen alkòl nan li. Moun ki fè byè yo itilize dlo kann pou fè li.

Byen - All right / Well / Very : Tout sa ki bon ki fèt jan sosyete a espere li te sipoze fèt. Bondye.

Chache - Search / Find out: Fouye nan mitan plizyè bagay pou rive jwenn yon bagay. Gade plizyè bagay byen pou rive jwenn Yon pou pi piti nan li.

Chak - Each: Yon pa Yon. Yon nan yon pozisyon pou kont li.

Chalè- heat : Yon wotè tanperati a monte ki fè moun santi lè a cho. Chalè fè moun swe esoufle e malad. Nan peyi Etazini chalè konn touye moun ki gen pwoblèm sante.

Chanje – Change :Mete yon bagay nan plas yon lòt. Bay resevwa yon bagay nan plas yon lòt. Retire fòm koulè yon bagay te genyen pou ba li lòt fòm lòt koulè.

Chanjman – change: Travay moun ki chanje yon bagay. Travay ki fèt nan yon bagay ki chanje

Chanm - Room / Bedroom: Yon kote tout senatè oubyen depite yon peyi reyini pou yo travay. Yon nan plizyè gwo divizyon andedan yon kay.

Chanm Kouche - Bedroom: Yon chanm nan yon kay ki fèt sèlman pou kouche. Li gen yon kabann yon amwa yon pandri e kèk fwa menm yon twalèt e latriye.

Chans- Chance : Avantaj opòtinite moun benefisye jwenn san yo pa ranpli kondisyon nesesè pou yo te benefisye jwenn avantaj opòtinite sa yo. Yon rezilta moun jwenn san konnen mwayen li pase pou rive jwenn rezilta a.

Chantè – Singer: Sanba. Moun ki fè chante ki konnen kijan pou li chante nenpòt chante epi fè moun renmen chante a. Moun ki toujou anvi chante li.

Chante – sing : Yon tèks ki ekri yon fason pou moun kapab li avèk yon vitès pi dousman pase jan moun pale e anpil moun kapab pran plezi lè yo ap koute li. Pase anpil tan pou di yon mo e kontinye fè menm jan pou tout ou byen plizyè gwoup mo nan yon tèks pou jis rive nan

Chèk check : Yon moso papye yon bank bay yon kliyan li pou fè konnen moun sa a te fè yon biznis avèk bank la pou kenbe lajan pou li epi peye nenpòt moun ki parèt devan bank la avèk moso papye sa a ki gen non moun nan yon kantite kòb la an chif e an lèt dat jou a ou

Chemiz – Shirt : Yon rad gason mete sou yo pou kouvri kò yo soti nan kou yo pou rive nan senti yo. Yon chemiz gen yon kòlèt de manch kout ou byen long yon pòch (pou pi piti) sou bò goch la e sou lestomak gason a. Yon chemiz fann sou devan epi li gen bouton pou fèmen l.

Cheri – dear : Yon non yon moun bay yon lòt moun ki enpòtan nan lavi li tankou mennaj mari madanm frè sè e latriye. Nan anpil sosyete se moun ki gen sèks opoze yo ki di lòt la cheri.

Cheve – Hair : Plim ki grandi nan tèt anba zèsèl moun toupre koko fi zozo gason e sou kò anpil bèt tankou poul chwal e latriye.

Chèz - Chair: Yon moso planch ou byen yon kadran ki trese avèk kòd palmis latanyen e latriye e ki gen kat pye avèk yon dosye pou moun chita.

Chimik - Chemical: Yon materyèl ki gen pou pi piti Youn nan eleman chimi yo nan li.

Chita – Sit down: Eta yon moun ki plwaye kò li yon fason pou li kapab fè dèyè li rive sou yon bagay tankou yon chèz kote li kapab lage tout rès kò li desann.

Cho - Hot / Warm : Eta yon bagay ki resevwa chalè. Pèfòmans yon moun yon atis tankou yon chantè. Aksyon yon moun ki ap chache montre sa li genyen kò li yon bagay li posede.

Chofè a – The driver :Moun ki chofè yon bagay. Yon moun ki konnen kondi yon machin tankou yon kamyon.

Chwa – election : Libète yon moun genyen pou li kapab chwazi. Plizyè bagay ki disponib pou yon moun pran nenpòt nan yo li vle.

Chwal – Horse : Yon gwo bèt ki gen ke long kat pye gwo tèt. Moun fè cheval rale, pote chay e moun monte li tou. Cheval kapab kouri vit anpil; se sa ki fè gen anpil teren kote moun prepare pou fè kous chwal. Yon femèl chwal kapab fè yon pitit ki rele milèt lè li kwaze ak bourik.

Chwazi - Choose / select : Travay yon moun ki itilize libète li genyen pou pran nenpòt nan plizyè bagay ki disponib.

Danse – Dance : Yon fason moun souke kò yo nan ton yon mizik. Souke kò pandan mizik ap jwe. Souke kò tankou lè mizik ap jwe menmsi pa gen mizik k'ap jwe.

Demwazèl – Miss : Another spelling for Madmwazèl : Yon fi ki sanble avèk Youn ki gen tout kalite yon fi bezwen pou li genyen mennaj epi marye. Yon laj lè yon jèn fi rive nan li moun kwè li kapab gen mennaj marye. Madmwazèl.

Depatman – Department: Yon seksyon yon pati nan yon bagay ki diferan de rès bagay la lòt pati nan bagay la. ˜ Grandans Yon nan dis depatman peyi Ayiti yo. Li sitiye an fas Gòlf Lagonav la e nan sid-wès peyi a. ˜ Latibonit Youn nan dis depatman peyi Ayiti yo e Youn nan twa depatman ki nan mitan peyi a tou. Se la ayisyen kiltive plis diri e gen anpil zòn istorik nan depatman sa a. ˜ Lwès Youn nan dis depatman peyi Ayiti e youn lòt nan twa depatman ki nan mitan peyi a. Se la kapital Ayiti a Pòtoprens ye. ˜Nò Youn nan dis depatman peyi a kote dezyèm vil peyi a Kap-Ayisyen ye. Se la pi gwo moniman peyi a Sitadèl-Laferyè ye. ˜ Nòd-wès Youn nan dis depatman peyi Ayiti yo ki sou kote lwès Depatman Nò a. Pòdepè capital depatman sa a se Youn nan pi ansyen vil nan peyi a. ˜ Sant Youn nan dis depatman nan peyi Ayiti yo e se Youn tou nan twa depatman ki nan mitan peyi a. Se la baraj flèv Latibonit la ye yon baraj ki bay kapital peyi a elektrisite. Kèk vil ki sou wout kote fil

kouran yo pase benefisye ti kras nan elektrisite baraj sa a bay la tou.
~ Sid Youn nan dis depatman peyi Ayiti yo ki sou yon prèskil nan sid peyi a. Gen anpil bèl plaj nan zòn sa a. ~ Sidwès Youn nan dis depatman Peyi Ayiti yo e se Youn nan twa depatman ki fòme prèskil kote Depatman Grandans avèk Depatman Sid la ye a. Li kole avèk Repiblik Dominikèn e li gen anpil bèl plaj tankou tout lòt depatman nan peyi a ki sou kote lanmè.

Desann - Descend: Soti nan yon pozisyon ki pi wo pou rive nan yon pozisyon ki pi ba. Soti anlè pou rive anba.

Desizyon – decisión: Dènye analiz yon moun fè anvan li jwenn yon konklizyon. Jan yon moun deside.

Devan – forward - in front of: Fasad ki pi bèl la epi se li moun toujou wè anvan. Fasad nan yon kay ki toujou sou bò lari a. Direksyon moun mache a. Fasad nan kò moun kote je nen bouch e latriye ye

Devine – guess : Itilize konesans pèsonèl pou jwenn repons yon kesyon solisyon yon pwoblèm e latriye san konnen si se vrè repons la vrè solisyon an davans. Lè yon moun fini devine li bezwen yon konfimasyon pou konnen si repons la bon.

Devlope– develop : Retire yon kouvèti ki te vlope yon bagay. Grandi. Gwosi. Pran negatif yon film epi enprime rezilta li sou papye. Desine pwograme epi pibliye yon pwogram pou itilize sou òdinatè. itilize.

Devwa – duty : Responsablite ki tonbe sou do yon moun san pa gen yon fòs ki ap pouse li akonpli tach la men si li pa akonpli tach la kapab gen pinisyon pou sa. Si li akonpli tach la li pa oblije jwenn yon kado pou pèfòmans sa a.

Dèyè – Behind : Fasad ki pi lèd la epi se li moun toujou wè apre yo fini wè devan an. Fasad nan yon kay ki toujou sou bò lakou a. Fasad nan kò moun kote tou yo itilize pou poupou a.

Deyò a - Out / Outside: Yon lòt kote. Deyò yon kay vle di espas nan lakou li nan lari a nan vwazinay la e latriye.

Dife - fire: Rezilta limyè avèk chalè ki kole sou yon bagay sèch flamab (ki ka pran dife).

Diferan – Different : Bagay ki fè yon bagay pa menm avèk yon lòt bagay.

Dimanch – Sunday : Premye jou nan yon semèn. Jou nan yon semèn moun legliz Katolik avèk anpil legliz pwotestan chwazi pou yo fè yon gwo seremoni nan legliz yo pou bay Bondye glwa remèsye li pou sa li fè pou yo. Se jou sa jou Pak la Jezi Kris te resisite soti nan lanmò.

Dire – last : Kite anpil tan pase. Kantite tan ki pase pou yon bagay rive fèt. Eta yon moun ki kapab kontinye yon konvèsasyon pandan anpil tan. Eta yon gason ki bezwen anpil tan anvan li voye.

Dirèk – direct – straight: Eta yon kontak ant de moun de bagay kote pa gen itilizasyon yon twazyèm moun bagay pou fè kontak la. Yon wout dwat yon moun ap swiv tankou wout yon avyon pou ale nan yon lòt peyi san rete nan yon twazyèm peyi anvan rive li nan destinasyon an.

Direksyon - Direction : Liy chemen pou swiv pou jwenn yon destinasyon. Non yon biwo nan yon enstitisyon ki la pou gide moun ki bezwen jwenn yon depatman nan enstitisyon sa a.

Diri – Rice : Grenn yon plant ki bay yon farin lè li kraze. Repa ki pi enpòtan pou ayisyen nan yon jounen. Plant ki bay grenn diri a.

Dirijan – leader: Moun ki ap dirije yon enstitisyon yon gwoup moun yon biznis.

Dirije- Govern / Reign / Lead : Pase lòd. Distribye responsablite. Gide. Kòmande.

Diskou – speech: Kanpe devan yon gwoup moun yon odyans pou bay yon mesaj ki kapab pèsonèl ou byen de yon lòt moun.

Djòb – job work: Responsablite yon moun aksepte pran pou li fè yon travay pou yon lòt moun yon konpayi. Yon devwa.

Dlo - Water : Yon likid ki okipe twa ka fas tè a sou de fòm: dous e sale. Pati sale (lanmè) a pi plis pase pati dous (sous avèk rivyè) la. Moun bwè dlo dous men yo pa bwè dlo sale. Yon likid ki gen de eleman chimik ki rantre nan konpozisyon li: oksijèn avèk idwojèn. Djo.

Dlo Dous – Drinking water / Sweet water : Dlo ki gen bon gou nan bouch e ki menm avèk dlo ravin rivyè sous sou tè a.

Dlo Sale – Salty water : Dlo lanmè. Li sale anpil.

Do - Back : Fas dèyè ki opoze ak devan yon bagay. Kote tout zo kòt yon èt vivan tankou moun kole ansanm.

Doktè – doctor : Yon pwofesyonèl ki etidye kèk pati tout kò moun yon fason pou li kapab rekonèt nenpòt pati ki pa fonksyone byen e preskri medikaman pou ede òganis sa a rekòmanse fonksyone nòmal. Yon nivo etid yon moun fè nan yon branch tankou teoloji medsin filozofi e latriye.

Dola – dollar: Senk goud. Senk-san kòb. San santim nan lajan peyi Etazini. Moun toujou di dola menm lè yo vle di yon dola. Nan anpil peyi nan monn siy ki reprezante dola ($) ranplase kantite nan kòb peyi sa yo moun peyi a panse ki egal a yon dola. Konsa dola ameriken reprezante yon lidè pou tout kòb nan monn; se sou l'anpil peyi chita pou yo evalye kòb yo.

Dòmi – Sleep : Yon repo moun pran kote tout kò moun nan ap repoze menmsi espri li pa ap repoze. Nan moman repo sa a je moun nan fèmen li pa konnen anyen ki ap pase sou kote li e li kapab reve. Yon ti frè lanmò. Somèy. Repo.

Domine - Master / Control: Kontwole lespri ekonomi e fizik lòt moun peyi avèk fòs ki disponib pou fè moun sa yo peyi sa yo obeyi.

Doulè – Pain : Nenpòt bagay ki te fè ki ap fè mal. Yon doulè kapab fizik ou byen mantal.

Dous – Sweet : Yon bagay ki gen gou sik siwo. Yon bagay ki fè yon moun santi li byen. Yon bagay moun renmen ki atire repetisyon. Yon bagay moun pran plezi nan fè li koute li e latriye.

Drapo - Flag: Yon moso twal avèk senbòl e lejand ki reprezante yon peyi e entensyon fondatè yo pou konstriksyon peyi a. Premye etap nan konstriksyon yon peyi sou kote konstitisyon li.

Dwa – duty - law – rights : Otorite libète yon moun pran li resevwa nan men yon lòt moun ou byen lwa sosyete kote l'ap viv la bay.

E - And : Yon mo ki sèvi pou lyezon adisyon ant de lòt mo tankou en de e twa se chif.

Èd – Help / Assistance :Yon fòs yon konesans an plis yon moun pa genyen e li bezwen li pou defann tèt li oubyen mete plis fòs plis konesans sou sa li deja genyen. Sekou ki nesesè pou yon moun jwenn pou li kontrekare yon obstak. Wòl yon moun ki pote sekou jwe pou yon moun ki bezwen sekou.

Ede – Help / Assist : Pote sekou, èd bay yon moun ki nan bezwen èd, sekou.

Edmi – middle – half: Yon pati nan yon bagay lè bagay la divize an de pati. Mwatye nan yon bagay.

Egzamen – Exam : Yon tès pou wè kisa yon moun aprann nan yon etid li te fè. Yon analiz pou wè kijan eta yon bagay sante yon moun ye. Yon obsèvasyon ki ekzije anpil konsantrasyon.

Egzanp – example: Yon nan plizyè bagay ki pa gen diferans ant yo tout la.

Ekip- team : Yon gwoup moun ki reyini ansanm pou yo jwe kont yon lòt gwoup moun. Yon gwoup moun ki toujou ansanm.

Ekri – Write : Mete plizyè lèt ansanm pou fòme mo. Mete plizyè mo ansanm pou fòme fraz. Mete plizyè fraz ansanm pou fè paragraf. Kreye yon sijè ki gen entwodiksyon devlopman konklizyon.

Ekselans - excellence: Gwo chèf nan yon peyi tankou yon prezidan. Non yon moun bay yon lòt pou montre respè li gen pou moun sa a.

Ekspoze – explode : Mete yon bagay yon kadav travay yon pent yon kote pou moun kapab vini vizite li.

Elikoptè-helicopter : Yon aparèy elektwo-mekanik ki gen yon zèl nan tèt li ki pèmèt li vole kanpe nan espas. Li kapab monte desann nan direksyon vètikal e li kapab deplase nan direksyon orizontal tou.

Endepandans – Independence : Kapasite pou fè nenpòt bagay nan libète san asistans oubyen oblije pote rapò bay lòt moun. Ayiti pran endepandans li nan men peyi Lafrans depi ane 1804.

Enfòmasyon- Information : Nenpòt ransèyman sou papye nan bouch ki disponib pou bay moun konesans.

Enjenyè –engineer : Yon moun ki etidye jeni nan yon disiplin tankou mizik elektwonik sivil e latriye.

Enpea bit – little: Yon divizyon yon pati nan yon bagay ki kapab reprezante bagay la. Yon kantite nan yon bagay moun kapab konte ou byen moun pa kapab konte.

Enprimant – Printer: Yon nan senk pati nan yon òdinatè ki pèmèt operatè a enprime dokiman sou papye. Enprimè a gen yon pwogram ki enstale sou òdinatè pou pèmèt de machin yo kominike. Lè òdinatè a resevwa lòd nan men operatè a li transmèt menm lòd sa yo bay enprimè a.

Entènèt – internet : Yon mwayen kominikasyon ki pèmèt tout moun ki posede yon òdinatè avèk yon liy telefòn kominike ant yo ansanm. Pou kominike nan fason sa a moun ablije achte sèvis nan men yon konpayi ki vann sèvis sa a e yo kapab kominike avèk nenpòt moun nan nenpòt peyi.

Enterese – interest : Panchan enterè yon moun montre li genyen nan yon bagay.

Epi – Then / From / Since: Yon mo lè li nan mitan de lòt mo fè konprann gen de aksyon ki ap egzekite Yon apre lòt la. Yon moun ap manje epi grangou li ap pase.

Esklav - Slave : Moun nan ras nwa **ak** moun nan ras blan yo te konn ale chache sou kontinan afriken an pou fè yo vini travay di e gratis sou plantasyon nan koloni yo. Kèk **santèn** ane anvan blan yo te rantre nan tranzaksyon esklavaj sa a, nwa nan yo te konnen gen esklav blan tou.

Espas - Space: Distans ki ant planèt yo : Jipitè Venis Pito Tè e latriye. Distans ant de bagay. Nenpòt kote ki gen lè e yon bagay kapab jwenn plas.

Estasyon– station: Plas kote yon bagay ye. Kote bagay tankou yon machin yon tren kanpe pou pran pasaje pou moun jwenn yo lè gen bezwen.

Eta – state: Yon peyi endepan ki gen yon gouvènman avèk chèf tankou yon prezidan ap dirije li. Jan yon bagay ye: sante karaktè kalite li. Leta.

Etazini– United States: Peyi sa a nan Amerik Nò a e li ant Kanada avèk Meksik. Li gen senkant eta nan li; se sa ki fè li rele Eta-z-ini. Lang ofisyèl peyi sa se anglè men kantite imigrant ki ap viv nan peyi a fè gen diferan moun ki pale tout lang ki gen nan monn nan. Pi gwo peyi pi gwo fòs politik ekonomik e komèsyal nan monn. Kapital peyi sa rele Wachington pou pote non fondatè li: George Wachington.

Etid – study : Rechèch pou mete konesans nan yon sèvo. Chache konnen yon bagay konstitisyon yon bagay. Konesans nan yon disiplin yon syans.

Etidyan – student : Moun ki fè rechèch pou mete konesans nan sèvo yo. Moun ki chache konnen yon bagay konstitisyon yon bagay konesans nan yon disiplin.

Etidye – Study : Mete konesans nan yon sèvo. Aksyon yon moun ki ap chache konnen yon bagay yon disiplin konstitisyon yon bagay konesans nan yon disiplin.

Evolye – evolve : Pase soti nan yon etap pou rive nan yon lòt etap moun konsidere ki pi bon pi rafine. Kite yon pèsonalite karaktè ki sanble avèk eta bèt ap viv.

Ewòp – Europe : Yon nan senk kontinan yo ki gen peyi tankou Almay Frans Bèljik Anglatè nan li. Kontinan sa a kole avèk kontinan Azi a; sa fè kèk moun di pa gen yon kontinan ki rele Ewòp tout bon vre.

Fache-Angry : Move. Eta yon moun ki pa kontan. Eta yon moun ki pa kapab jwenn bagay li bezwen e ki pa vle satisfè avèk sa li genyen.ou gen rezon

Fanm – woman: Femèl e manman. Depre Bib la fanm se yon moun Bondye te fè avèk yon zo kòt Adan pou kapab kenbe gason konpayen. Yon fanm fèt pou li toujou gen cheve long gwo ou byen tete long gwo dèyè avèk koko nan fant janb li. Yon fi kapab mete zanno nan zòrèy li wòb sou li e latriye. Li gen règ chak mwa.

Farin- Flour - Powder : Yon poud ki soti nan fri kèk pye bwa tankou bannann manyòk. Poud ble. ˜ frans Yon farin blan ayisyen itilize pou fè anpil manje tankou labouyi bòy e latriye.

Fatra – Garbage : Bagay ki san valè. Tout bagay moun pa gen bezwen.

Fè – Iron / Metal: Yon eleman chimik. Yon metal ki di anpil. Yon aparèy chofaj moun itilize pou repare retire pi sou rad.

Fè Limyè ˜ Clear one's thoughts : Ede yon moun konprann yon bagay yon lide.

Fèmen – Close : Elimine yon ouvèti. Anpeche yon machin

Fènwa- darkness: Absans limyè. Eta yon nwit. Moman lè lannwit kòmanse.

Fèt – Be born : Jou yon moun te soti andedan vant manman li.

Fèt - Birthday : Selebrasyon yon evènman ki te pase nan menm jou sa pou pi piti yon ane anvan dat sa.

Fèt – Party : Kote yon gwoup moun reyini pou yo pran plezi yo pou selebre yon okazyon. Yon moman kote tout moun byen abiye mizik ap jwe yo ap bwè yo ap danse.

Fete – partying: Patisipe nan yon fèt. Selebre yon evènman ki te pase nan menm jou sa pou pi piti yon ane anvan dat sa a. Selebre jou yon moun te soti nan vant manman li.

Fevriye - February: Dezyèm mwa nan yon ane. Sèl mwa nan yon ane ki pote ventwit ou byen ventnèf jou.

Fèy – Sheet / Leaf : Pati nan yon pye bwa ki parèt apre yon boujon fini soti nan yon pwent nan yon pye bwa. Fèy chak pye bwa gen yon fòm diferan ki depann de pye bwa.

Fèy papye - Page : Yon moso papye ki kapab mezire 8 ½ pous nan lajè avèk 11 pous nan longè konsa. Gen anpil lòt dimansyon fèy.

Fi – girl : Yon femèl moun yon fanm yon manman yon madanm yon sè yon kouzin yon bèlsè. Yon moun ki gen yon koko nan fant janb li.

Fiksye – Arrange: Mete yon bagay nan plas li. Ranje yon bagay jan li dwe ye a jan li sipoze ye a.

Fin – Finish / End up : It is the abbreviation for the verb **Fini** :Eta yon bagay ki rive nan bout li. Fè tout sa ki te gen pou fèt nan yon travay ki te kòmanse.

Flè – flower : Yon bèl boujon ki soti nan kèk pye bwa nan kèk zèb. Yon flè kapab gen yon sèl koulè ou byen plizyè koulè. Yon bagay ki bèl. ~ Disè Yon zèb nan galèt larivyè ki kapab santi lè yon bagay touche li epi tout fèy li kouche pandan yon bon bout tan. Ouvè-fèmen. Wonte.

Fòm – shape : Premye imaj ki vini nan tèt yon moun lè li tande deskripsyon yon bagay. Yon imaj moun kapab itilize pou fè rekonèt yon bagay. Lè yon gason panse a bèl fanm li wè fòm Koka-Kola.

Fòme – form – shape: Lè yon fi gen règ li pou premye fwa. Mete plizyè bagay ansanm pou jwenn yon rezilta. Ranje plizyè bagay nenpòt fason pou jwenn yon rezilta.

Foutbòl – Football : Yon jwèt ki gen onz jwè nan chak ekip sou yon teren ki kapab gen san mèt pou longè. Gen yon boul sou teren an chak moun ap eseye mennen nan kan ekip opozan an. Kèk moun kwè jwèt sa a soti nan peyi Angletè.

Fransè - French : Lang moun pale nan peyi Frans avèk anpil peyi

Frans te kolonize tankou Ayiti. Moun ki fèt nan peyi Frans. Lang sa itilize aksan apostwòf atik.

Frape- Touch / Hit : Leve yon bagay epi lage li sou yon lòt avèk fòs. Dirije yon kò nan direksyon yon lòt avèk fòs jis yo rankontre.

Frè – Brother : Yon pitit gason ki gen menm manman ou byen papa avèk yon lòt piti menm moun sa yo.

Fwomaj - Cheese : Yon preparasyon lèt ki fè li vini di. Moun manje fwomaj tankou anpil manje solid. Gen kèk fwomaj ki solid anpil gen kèk ki mou tou e tout soti nan lèt.

Gade - Look / See / Watch: Fikse je sou yon bagay san pyès entansyon. Obsève

Galri – gallery: Yon espas nan yon kay kote moun k'ap viv nan kay la kapab chita pou pran bon van e respire bon lè. Espas sa a toujou bay sou lari.

Gason- Young man / Boy : Premye moun Bondye te mete sou tè a anvan li te fè fi. Yon moun ki gen yon zozo nan fant janb li. Mari yon fi papa yon moun e latriye. Yon mal moun.

Gaz – gas: Yon pwodwi chimik moun ki oblije fèmen andedan yon tank pou li pa evapore nan lè. Yon likid ki kapab vini envizib menm jan avèk oksijèn. Moun itilize gaz nan machin avyon fou e latriye.

Gen - Have – Possess : Sitiyasyon yon moun ki vini mèt, ki gen yon bagay. Pran premye plas nan yon jwèt yon kous elatriye.

Gita – guitar: Yon enstriman mizikal ki gen sis kòd e mizisyen jwe li avèk prèske tout dis dwèt yo

Glas – ice: Yon moso materyèl lè moun gade li moun nan kapab wè figi li avèk tout bagay ki an fas materyèl sa. Yon dlo moun mete nan frizè yon refrijeratè epi ki vini di tankou yon wòch. Glas gen yon koulè gri ou byen blan. Chalè kapab fonn glas.

Glase – Freeze / Frozen :Eta yon bagay ki gen glas nan li. Yon bagay ki frèt anpil tankou glas.

Gou – Taste : Opinyon yon moun genyen de yon bagay ki andedan bouch li.

Goud- Haitian currency :San santim , san kòb nan lajan ayisyen an. Senk goud fè yon dola.

Gout – Drop : Yon ti pati nan yon likid ki ap soti anlè pou tonbe anba. Lapli tonbe pa gout sou tè a.

Gouvènman - Government: Yon prezidan avèk tout moun ki ap ede li gouvène you peyi. Yon gwoup moun ki gen pouvwa pou gouvène. Yon moun gwoup moun ki ap gouvène yon teritwa

Gradye – Graduate : Patisipe nan yon seremoni

gradyasyon.

Gran – big: Yon bagay yon moun ki gen anpil ane depi li te kòmanse egziste. Yon bagay ki laj ki wo ki aje. ~ Papa Papa manman ou byen papa papa yon lòt moun. Mari yon grann. Gran papa yo toujou gran.

Grandi– grow: Eta yon bagay yon moun ki ap pase etap li gen pou li pase pou li vini wo.

Grangou – hungry : Eta yon moun santi lè li anvi manje. Egzitans yon vid nan lestomak yon èt vivan. Jan yon moun santi li chak twa èd tan apre li fini manje.

Granmoun - Adult : Nenpòt moun ki fè pitit rive nan laj lè li te dwe deja fè pitit. Yon moun ki gen anpil ane an plis yon lòt.

Grenadya – granadillo – grenadilla: Yon lyann ki kapab pase plizyè ane ap grandi pandan li ap donnen anpil grenn prèske chak jou. Fwi grenadya a sanble avèk yon ti boul. Li gen yon ji andedan li ki si anpil avèk kèk ti grenn tou. Li fè bon ji e ayisyen renmen bwè ji sa a anpil.

Gwo – Big : Yon dimansyon laj. Eta yon moun ki gen anpil popilarite. Anpil. Yon fason machann vann machandiz yo genyen pou fè pri inite yo vini pi piti.

Gwosè – Pregnancy (gwosès) / Fatness / Size : Nan tèks la, li moutre jan moun nan sezi wè jan lòt la grandi, gwosi : Moman lè yon fi ap pote yon pitit andedan vant li. Yon fi pote yon pitit andedan vant li pandan nèf mwa. Plenn

Gwoup–group :Plizyè an menm tan. Rasanbleman reyinyon plizyè moun.

Idantifikasyon – Identification : Yon mwayen pou rekonèt yon bagay yon moun. Yon ti kat ki gen non yon moun avèk foto moun nan sou li pou lye non an avèk foto a.

Imajine – Imagine: Kreye imaj yon bagay yon lide nan tèt anvan li vini egziste nan reyalite

Inifòm – uniform : Plizyè bagay ki gen menm fòm nan. Yon rad menm koulè menm fòm nan plizyè moun nan yon gwoup tankou yon enstitisyon yon ekip mete sou yo.

Inivèsite - College / University : Yon gwoup enstitisyon apre lekòl segondè ki prepare pwofesyonèl.

Istwa- History / Story: Nenpòt bagay ki pase deja e moun kontinye ap pale ou byen ekri sou li. Moun ki ap rakonte yon istwa kòmanse avèk yon entwodiksyon yon devlopman e fini avèk yon konklizyon.

Itilize – Use : Pran yon bagay an chaj epi kontwole. Pran avantaj sou yon bagay yon moun.

Jaden- garden: Yon moso tè Youn ou byen plizyè kawo tè kote yon jadinye plante sekle rekòlte.

Janm – leg : Tout longè pye yon moun depi soti bò senti li pou jis rive anba plat pye

Janvye – January : Premye mwa nan yon ane ki pote trante-en jou. Yon ane chanje lè premye jou nan mwa janvye a rive.

Je - Eyes : Pati nan kò moun nan tèt moun ki pèmèt moun wè. Yon mesaje ki pote rapò bay chèf li se je chèf la paske li pèmèt chèf la wè sa ki ap pase. Yon kamera se je moun tou.

Jedi – Thursday : Senkyèm jou nan yon senmèn. Katriyèm jou biznis nan yon senmèn.

Jeneral – General : Pi gwo grad yon moun kapab genyen nan yon kò militè. **An Jeneral** – General speaking: Pale de yon bagay tout antye san panse a eksepsyon li.

Jeni – genius : Lespri moun genyen pou kreye bagay. Nan tan lontan moun te panse jeni se te yon fòs djab ki te ap ede moun. Konnye a moun ale lekòl pou yo kapab kreye bagay.

Jenou- knees : Espas ant pye avèk kwis moun ki gen yon ti boul nan li pou pèmèt janb nan apiye sou dèyè.

Jezi Kris - Jesus Christ : Pitit Bondye ki te vini sou tè a pou mouri nan plas tout lòt moun sou tè a pou efase peche yo. Li te viv pandan trant-twa ane sou tè a. Tout kretyen kwè li nan syèl la konnye a e li chita sou bò dwat papa a Bondye.

Ji – juice: Yon bwason ki fèt avèk fri yon pye bwa. Pou fè yon ji moun pran fri a epi yo kraze ou byen peze li pou likid soti andedan li epi yo mete dlo sou likid sa anvan yo sikre li.

Jij – judge: Chèf yon tribinal ki la pou koute de kan nan yon jijman e kontwole tout sa ki ap pase nan yon tribinal.

Jiyè – July: Setyèm mwa nan yon ane. Yon nan de mwa ki fè plis chalè nan yon ane sou kote mwa Out la.

Jodia - Today : Konnye a menm nan menm jou sa a. Nan moman sa a menm

Jou - day : Klète. Moman pandan solèy la klere sou tè a.

Jounal- Newspaper: Yon papye moun ekri chak jou pou enfòme lòt moun e konsève nouvèl ki pase. Nòt moun pran chak jou pou konsève istwa tranzaksyon gwo biznis ki pase chak jou. Yon ti liv pou yon moun konsève bagay ki pase nan lavi li chak jou.

Jounen - Diurnal (daytime) : Kantite tan ki ant moman solèy leve a pou jis rive nan moman li kouche li disparèt.

Jwe - Play: Pran plezi. Fè son soti nan yon enstriman mizikal. Jwe wòl yon moun nan yon film yon teyat.

Jwèt- Game: Bagay ki fèt pou moun pran plezi yo. Lòt moun pa pran li menm menm sa ki soti nan bouch li pou bagay serye.

Jwi – enjoy : Eta yon moun kap fè yon bagay ki bay anpil plezi.

Kach – cash: Kòb. Lajan. Lajan kòb moun kapab itilize pou achte e nenpòt moun ap aksepte resevwa li. Kach diferan de chèk kat kredi nòt e latriye paske tout moun pa aksepte bagay sa yo.

Kache- hide: Sitiyasyon yon moun ki rete andedan yon bagay avèk espwa li ap enposib pou moun wè li. Sere.

Kaka – caca - shit – poo: Bagay ki soti nan tout dèyè yon moun yon bèt. Yon fason pou di yon moun li pèdi yon avantaj. De lèt sa yo Yon apre lòt KK.

Kamyon – truck : Yon gwo machin ki lou anpil e ki gen anpil fòs. Li fèt pou pote anpil chay. Nan peyi pòv yo kamyon pote moun sou chay yo.

Kamyonèt - Pickup truck : Yon ti machin ki gen Yon ou byen de plas sou kote chofè a e ki kapab pote soti sèz pou rive a ven moun nan espas dèyè li. Yon ti kamyon.

Kanpe – Stand / Stop : Pran yon direksyon vètikal. Sispan avanse nan yon direksyon.

Kantite – quantity - amount: Yon ou byen plizyè nan yon bagay. Plizyè bagay ansanm.

Kapab- Able: Abilite potansyalite pou fè yon bagay. Fòs entelijans ki disponib nan yon bagay.

Kapasite – Capacity : Mwayen ki disponib pou fè nenpòt bagay

Kapital – Capital: Vil ki pi enpòtan nan yon zòn yon peyi. Vil yon peyi kote prezidan yon peyi ap viv pandan prezidans li e se la li gen biwo li. Yon gwo bagay tankou vil ki pi enpòtan nan yon peyi.

Kasav – Cassava: Yon manje peyizan ayisyen prepare avèk manyòk lè yo fini retire lanmidon an nan manyòk la. Si kasav seche nan solèy li kapab pran anpil mwa anvan li gate. Li gen bon gou lè li gen manba sou li.

Kat - Four / Letter / Card : Senkyèm chif nan nonb pozitif yo. De plis de twa plis en de miltipiye pa de e latriye. Yon moso katon plastik moun sèvi pou yo jwe anpil jwèt tankou twasèt bezig viv-damou solitè pokè e latriye. Yon ti moso plastik ki gen longè twa pous avèk de pous pou lajè e ki gen anpil enfòmasyon sou li kèk machin kapab li.

Kat Kredi – Credit Card : Yon kat ki gen enfòmasyon nan li moun pa kapab li men yon machin kapab li tout enfòmasyon sa yo pou pèmèt yon moun pran lajan nan anpil bank achte bagay nan anpil boutik **magazen**.

Kay - Home / House : Kote moun rete pou pwoteje yo kont chanjman tanperati e pou pwoteje bagay yo posede. Kay kote yon moun ap toujou retounen menm lè li ale byen lwen. Peyi kote yon moun te fèt.

Kaye – Notebook: Yon ti liv san ekriti nan paj li yo ki fèt pou moun ekri.

Kèkany - someYon pati nan yon bagay men li pa tout kantite ki egziste nan bagay sa a. Pati sa pa menm plis pase mwatye nan bagay sa a.

Kenbe- Grab / Hold/ Keep : Travay yon moun ki pase dwèt men li sou kote yon bagay chak dwèt nan yon kwen diferan epi pese dwèt yo tankou yo ap ale kraze bagay la pou yo rankontre.

Kès – safe - deposit box : Yon bwat yon tiwa kote moun mete lajan pou pran lè yo bezwen li. Yon tiwa nan yon boutik. youn nan pati ki gen nan enstriman ki rele batri a. Yo konn itilize l poukont li lè se nan fanfa oswa nan bann rara.

Kesyon - Question : Jan yon moun mande pou sa li bezwen. Yon entèwogasyon pou chache yon repons.

Kisa – What : Yon mo entèwogatwa moun itilize pou idantifye yon bagay nan yon gwoup lè moun konnen li pa ap chache idantifye yon lòt moun. Yon mo moun itilize pou ranplase yon lòt mo.

Kite - Remove / Leave : Vire do bay yon bagay epi ale. Yon mo moun itilize pou mande yon moun pou vire do bay li. Sispann. Pati ale lwen yon moun yon bagay.

Kiyès – Who / Whom / **Whose** : Yon mo entèwogatwa moun mete devan yon mo pou idantifye yon moun yon bagay nan yon gwoup. Moun toujou itilize kiyès lè yo konnen yo ap chache idantifye yon moun nan yon gwoup moun. Yon fanmiy mo Ki pou idantifye yon bagay nan yon gwoup

Kizin – kitchen: Yon chanm nan yon kay kote kizinyè fè manje. Chanm sa gen tout sa ki gen rapò avèk fè manje nan li tankou yon fou chodyè asyèt e latriye. Nan ti vil yo yon ti kay ki gen Yon ou byen plizyè chanm kote kizinyè fè manje. Ti kay sa gen yon recho Yon ou plizyè twa-pye-dife e plizyè lòt bagay ki gen rapò avèk manje fè manje.

Klasik – classical: Bagay ki gen rapò avèk klas wotè moun ki pase lekòl okipe nan yon sosyete. Yon epòk nan tan lontan lè te gen anpil règleman yon ekriven te oblije obeyi pou yo ekri yon tèks.

kle a – Key / Wrench :Yon moso materyèl ki gen menm fòm avèk yon tou kote li kapab rantre pou pouse oubyen rale lang sekirite yon pòt.

Klere - Illuminate / Light up / Shine on : Eta yon bagay ki anvayi avèk limyè. Travay yon bagay ki anvayi yon lòt bagay avèk limyè. Eta yon anpoul ki gen kouran ap pase nan li.

Kleren – Alcoholic Drink "clerén": Yon bwason koulè gri ki gen anpil alkòl nan li. Kann se Yon nan pi gwo fabrikasyon kleren. Genyen anpil kote nan peyi Ayiti ki fè kleren. Anpil moun nan peyi a renmen bwè bwason sa tou e li fè yo sou tou.

Kò – Body : Pati enpòtan nan yon bagay. Yon pati ou byen tout pati ki rantre nan konstitisyon yon bagay yon èt vivan.

Kòb- Money : Lajan. Lò lajan e anpil lòt metal leta prepare yon fason moun nan yon peyi yon sosyete kapab achte chanje li pou bagay yo bezwen. Nenpòt moso papye leta yon peyi mete an sikilasyon pou moun chanje kont sa yo bezwen.

Kòd – rope / string : Plizyè bout nan yon bagay ki vlope ansanm yon fason chak fwa dènye bout la pwal fini yon lòt pwent te gentan kòmanse vlope. Lè pa gen lòt bout ki ogmante sou dènye bout la kòd la fini rive nan bout li.

Koloni - Colony : Yon peyi ki sou depandans yon lòt peyi. Tout lwa koloni a se lwa ki soti nan lòt peyi a e koloni a peye lòt peyi a enpo. Pandan evolisyon tout sosyete nan monn lòt dominasyon tankou kapitalis sosyalis te vini ranplase koloni ; kidonk pa gen koloni konsa ankò. Anpil moun, bèt ki reyini ansanm.

Kòmann (*Se lè yon moun voye achte yon bagay nan yon magazen ki pa pre oswa ki sitiye nan yon lòt peyi***)** – **kòmande** –mandate – order: Lòd yon kòmandè pase lòt moun. Di lòt moun kisa yo dwe fè.

Komès –trade – commerce : Chanjman machandiz avèk moun pou lajan lè chanjman sa a bay yon pwofi.

Komèsan – Dealer : Yon pwofesyonèl ki fè lajan li nan fè komès.

Kominikasyon - communication : Chanjman pawòl jès ant de ou byen plis èt vivan lè Yon konprann lòt la. Mwayen moun itilize pou yo fè yon mesaj rive jwenn yon lòt moun. Gen anpil mwayen kominikasyon tankou ekri pale telefòn radyo entènèt telegraf satelit e latriye.

Kondi – drive : Mennen yon bagay yon moun nan yon direksyon epi ede moun nan bagay la rete sou bon direksyon an. Kenbe volan yon machin pandan motè l'ap mache e woul ap woule sou tè a. Kenbe men yon avèg pou mennen li kote li pwale.

Kondisyon – Condition : Rezon ki fè yon bagay egziste. Yon rezon ki anpeche yon prensip yon règ rete jeneral inivèsèl. Eksepsyon.

Konesans – knowledge: Sa ki rete nan tèt yon moun lè li fin bliye tout sa li te aprann. Nivo ki pi wo nan devlopman entelijans moun. Premye rankont de plizyè moun.

Konfyans – confidence – trust: Kwayans yon moun gen nan yon lòt moun nan Bondye ki fè li kapab di moun nan Bondye tout sekrè li.

Konkou - competition / contest: Yon seremoni kote plizyè moun ap eseye montre yo kapab fè yon bagay pi byen kijan yo kapab fè yon bagay epi plizyè jij ap evalye patisipan yo.

Konnen - Know / Meet : Egzistans yon lyen ant de ou byen plizyè moun. Yon moun ki konprann tout sa yon moun di tout sa moun nan fè. Konprann yon bagay nèt ale. Posede yon konesans san limit sou yon bagay yon moun.

Konpay - Partner : Another spelling for **Konpanyon** : Yon moun yon bèt ki akonpaye yon moun pou rete ale yon kote.

Konprann – Understand : Abilite pou rekonèt entèprete yon bagay moun ou byen aksyon moun. Rekonèt. Entèprete.

Konsa - So / Thus / Thereby - Just like that : Yon fason pou moun di : tankou sa a menm jan avèk sa a. Lè yon moun di konsa li lonje men li sou yon bagay pou montre yon moun yon bagay.

Konsèy - advise : Pawòl yon moun di yon lòt moun pou montre moun nan kisa ki pi bon pou li kapab fè. Moun nan pa oblije aksepte konsèy la men moun ki nayif pran tout konsèy yon moun pou yon lòd.

Konseye –advise - counsel – suggest : Pale avèk yon moun pou montre li sa ki pi bon pou li kapab fè. Bay yon moun konsèy.

Konstriksyon – construction : Tout etap yon konstriktè pase pou li konstwi yon bagay tankou yon kay yon bato. Yon kay. Yon bato.

Konstwi - Build / Construct : Ranje plizyè moso ansanm pou reyalize yon imaj nenpòt moun kapab gade e rekonèt kisa li ye. Moun ki ap fè bagay tankou kay bato e latriye.

Konsyans –conscience :Yon jij andedan tout moun ki fè moun nan santi li byen lè li fè yon bon bagay e ki fè moun nan santi li mal lè li fè yon move bagay. Konesans sou ki byen avèk sa ki mal.

Kontan – happy : Ekspresyon satisfaksyon andedan yon moun ki parèt sou vizaj moun nan lè li ri.

Kontinye - Continue : Ale san kanpe nan wout avèk yon bagay ki te kòmanse.

Kontra - Contract: Yon moso papye lalwa pèmèt de moun ou byen plis moun siyen pou yo respekte tout sa ki ekri sou papye a. Yon angajman de ou byen plizyè moun pran ansanm.

Kontwòl – Control : Pouvwa yon moun gen pou kontwole pou aplike lwa. Yon òdinatè ki ap kòmande yo lòt machin.

Kontwolè – controller – supervisor : Moun ki gen kontwòl nan men li pou fè respekte aplike lwa.

Kopye- Copy/ Imitate : Kreye imaj yon bagay yon fason pou li difisil pou moun konnen kiyès ki orijinal la e kiyès ki kopi a. Gade jan yon moun fè yon bagay pou fè bagay la menm jan tou.

Kote – Side / Place : Yon plas pou jwenn yon bagay. Yon kwen.

Kou - Neck: Pati ki lye tèt yon moun avèk epòl moun nan. Frape yon bagay sou yon lòt bagay.

Kouche – Sleep / Lie down / Lie / Go to bed : Pran yon pozisyon vètikal tankou yon matla sou yon kabann.

Kouche – Sunset: Eta solèy lè li sispann klere tè a.

Kouche Fi – Have sex with a girl: Mete yon fi sou kabann epi rantre zozo andedan koko li.

Koulèv - Snake /Serpent : Yon bèt long kò glise e ki mache pandan li ap trennen sou vant li. Gen plizyè diferan koulèv. Gen koulèv ki kapab peze 400 liv.

Kouman w ye pitit? – How are you boy? Gason pa sanse itilize tèm sa a non. Lè yo itilize l se pou yo chare madàm yo oswa pou imite yo. Si gason itilize l, yo ka gade w pou masisi. Gason an t ap di: "Kouman ye nèg/patnè m/ man".

Koupe- Cut : Frape yon bagay file tankou yon manchèt sou yon lòt bagay pou jis li kase an de moso. Kopye tèks sou yon òdinatè soti nan yon dokiman pou ale nan yon lòt e nan menm moman sa a efase dokiman an kote li te soti a. Anpeche yon moun fini yon pawòl li te kòmanse epi foure yon lide diferan nan konvèsasyon an. Rantre zozo (yon gason) nan koko (yon fi).

Kouran - Electricity / Current: Mouvman elektrisite ki ap pase nan fil kouran. Yon branch likid ki ap soti sou yon nivo ki pi wo pou tonbe nan yon nivo pi ba avèk vitès. Yon bagay ki ap pase nan yon konnye a nan epòk sa ane sa moman sa.

Kouri- Run: Travay yon moun ki leve chak pye li epi mete yo atè byen vit pou avanse soti yon kote pou rive yon lòt kote byen vit.

Kouròn – Crown : Another spelling for Kouwòn : Yon siy pou montre grandè yon moun tankou yon wa yon rèn. Flè ki ranje an won pou mete sou kavo tonm kadav.

Kout – short - small – little: Pase dwa bay yon moun pou li kontinye yon bagay. Yon moun ki pa gen wotè nòmal yon moun genyen. Yon moun ki gen mwens ke senk pye pou wotè.

Koutim - Custom / Habit : Bagay yon moun toujou fè e refè chak fwa li gen chans pou fè li. Abitid yon moun genyen. Yon evènman yon sosyete fete chak ane.

Kouto – knife: Yon moso metal ki gen yon manch bwa ou byen plastik epi yon bò nan kò li plati yon fason lè li touche yon lòt bagay li ap kapab rantre andedan bagay la li ap kapab koupe bagay la.

Kouvri – Cover :Mete yon bagay laj sou yon lòt epi bagay laj la anpeche li rete vizib. Bouche yon tou.

Kouzen – Cousin : Pitit gason yon sè oubyen/oswa yon frè papa ou byen manman yon lòt moun.

Kouzin – cousin : Pitit fi yon sè ou byen yon frè papa ou byen manman yon lòt moun.

Koze- Chatter – Chat : Pale avèk yon zanmi de plizyè bagay ki pase san rete sou yon sèl sijè. Konvèsasyon abityèl ant plizyè zanmi chak fwa yo rankontre. Pale avèk yon zanmi de yon bon ou byen yon move eksperyans. Travay de moun k'ap pale.

Kraze- Break: Monte sou yon bagay epi fè li pèdi fòm orijinal li te genyen an. Sa depan de materyèl ki antre nan konstitisyon yon bagay lè li kraze moso yo kapab separe ou byen rete ansanm. Mete yon bagay lou sou yon bagay ki pi fay.

Krèm – Cream: Kèk medikaman mou pwodiktè yo mete nan yon bwat mou pou moun kapab peze bwat la lè yo bezwen yon ti kras nan medikaman an soti nan bwat la. Yon desè ki fèt avèk lèt e plizyè fri.

Kretyen – Christian: Moun. Tout moun nan yon sosyete. Tout èt vivan ki gen entelijans ki kapab devlope entelijans li e ki kapab reflechi. Moun ki swiv tout prensip Jesi Kris yo.

Kreye – Create : Fè yon bagay vini egziste pou premye fwa. Envante yon bagay

Kreyòl – Creole: Moun ki fèt e grandi nan yon peyi. Plizyè lang moun pale nan plizyè peyi ki te pase anba esklavaj nan ansyen koloni yo. Esklav yo pate kapab konprann lang mèt yo kolon yo te ap pale; konsa yo di mo yo nan fason pa yo e tout esklav parèy yo entèprete mo yo menm jan moun ki di mo a te konprann li. Yon konprann lòt yo kontinye pale konsa. ~ Ayisyen Yon lang ki soti nan defòmasyon mo twa lòt lang: Anglè Espanyòl Fransè. Prèske chak santèn moun nan popilasyon peyi Ayiti a pale Kreyòl men lang sa a se Yo nan de lang ofisyèl peyi a sou kote Fransè.

Kriye – Cry : Moman yon moun gen dlo ki ap soti nan je li. Gen anpil reson ki fè yon moun kriye tankou lapenn doulè kontantman e latriye

Kwabosal – Market Kwabosal: Se youn nan mache pi ansyen ki gen nan peyi Ayiti. La se yon kote yo te konn vann esklav sou tan lakoloni.

Lafyèv – Fever : Yon gwo ogmantasyon nan wotè tanperati kò yon èt vivan. Lafyèv pa yon maladi pou kont li men se siy pou fè konnen gen yon lòt maladi ki bezwen trete.

Lage – release - let go: Retire yon kòd ki te mare yon bagay pou kite bagay la ale. Travay yon moun ki kite yon kote pakse kantite tan pou li te pase kote a fini pase. Retire yon moun nan prizon pou li kapab vini lib. Kite yon bagay ki te pandye anlè tonbe sou tè a.

Laj – age : Kantite tan yon bagay yon moun gen depi li egziste. Kantite tan yon bagay gen depi li te fèt yon moun te kreye li te envante li.

Lajan – Money: Kòb. Lò lajan e anpil lòt metal leta prepare yon fason pou moun nan yon peyi yon sosyete kapab achte chanje li kont sa yo bezwen. Nenpòt moso papye leta yon peyi mete an sikilasyon pou moun sèvi pou chanje kont sa yo bezwen.

Lalwa – Law : Lwa. Prensip. Prensip ki gouvène yon peyi yon sosyete e tout moun fèt pou obeyi li. Yon plant ki gen yon fèy vè avèk nannan li blan e anmè.

Lanfè- Hell : Yon plas kote moun panse ki gen anpil tribilasyon e se Satan ki ap gouvène kote sa a. Yon plas tout moun relijye yo kwè ki egziste e se la tout moun ki pa swiv prensip Bondye yo prale pou yo kapab pase penitans epi boule. Kwayans kèk moun genyen de lavi kèk moun ap viv sou tè a.

Lang- Language/ Tongue : Yon konbinezon ant lèt mo e son tout moun nan yon kominote yon peyi konprann e yo itilize li pou kominike ant yo. Yon moso vyann ki nan mitan bouch anpil èt vivan tankou moun. Lang ede moun pwononse mo ki ap soti nan bouch li e li kondi manje ale anba ranje dan moun. Yon pati nan kle yon pòt ki rantre yon kote pou kenbe pòt la fèmen. Yon ti lang.

Lanmè - Sea / Ocean : Yon kantite likid ki anpil e ki okipe plis espas pase tout espas tè tout peyi nan monn okipe. Likid sa sale e li gen anpil bèt gwo tankou piti ki ap viv nan li. Bato kapab soti de yon peyi a yon lòt pandan li ap deplase sou lanmè. Dlo lanmè nan kèk zòn tèlman sale pyès bagay pa kapab koule nan li si bagay sa pa lou anpil.

Lapli – Rain : Yon kantite gout dlo ki soti nan espas e ki tonbe nenpòt kote sou fas tè a. Lapli kapab tonbe pandan yon ti tan kout ; konsa li kapab tonbe pandan plizyè jou.

Laten- Latin: Yon lang moun pa pale ankò pou lang ofisyèl peyi yo men se li ki manman anpil lang nan anpil peyi e legliz katolik nan tout peyi kontinye itilize lang sa nan kèk seremoni. Anpil mo nan prèske tout lang kapab jwenn rasin yo nan laten.

Latriye : etc. : Anpil lòt bagay ki vini ki kapab vini apre san bay non yo. Bagay ki sib lòt bagay ki devan yo.

Lave – wash : Mete pase dlo sou yon bagay pou retire salte sou li. Mete rad nan machin avèk dlo e savon pou yo vini pwòp. Mete rad nan dlo fwote savon sou yo epi fwote yo pou jis yo vini pwòp.

Lavi – life : Pati ki pi enpòtan nan egzistans yon èt vivan. Li se orijin tout èt vivan li grandi avèk kò a epi li kite kò a pandan lanmò a vini.

Lavil - Neighborhood / Town / City. You can also say **Vil.** : Yon vil ki pi enpòtan pou moun ki ap viv nan antouraj vil sa. Yon zòn nan yon vil kote ki gen tout gwo boutik magazen avèk mache kote machann vann machandiz yo e achtè ale chache sa yo bezwen achte.

Lè - hour - time - when : Yon konpozisyon plizyè eleman men majorite kantite a se oksijèn ki nan lanati e ki pèmèt moun viv. Oksijèn pou kont li nesesè pou moun rete nan lavi. Yon nan 24 inite yon jounen. Pou moun di yon Lè li pa bezwen itilize lèt L la devan è. Men tout lè nan yon jounen: Inè pou 1 lè Dezè pou 2 lè Twazè pou 3 lè Katrè pou 4 lè Senkè pou 5 lè Sizè pou 6 lè Setè pou 7 lè Ywitè (uitè) pou 8 lè Nevè pou 9 lè Dizè pou 10 lè Onzè pou 11 lè Douzè (midi) pou 12 lè Trèzè pou 13 lè Katòzè pou 14 lè Kenzè pou 15 lè Sèzè pou 16 lè Disetè pou 17 lè Dizywitè (dizuitè) pou 18 lè Diznevè pou 19 lè Ventè pou 20 lè Venteinè pou 21 lè Venndezè pou 22 lè Venntwazè pou 23 lè e Vennkatrè pou 24 lè. Yon poud pwazon énmi yon ayisyen mete yon kote énmi an ap ale pase pou touye li.

Legliz- church : Kote yon pè ou byen yon pastè avèk anpil moun ki nan yon menm relijyon rankontre pou yo priye chante bay Bondye glwa. Yon kay kote yon pè ou byen yon pastè avèk anpil fidèl konnen rankontre pou yo chante priye bay Bondye glwa. Yon òganizasyon relijye tankou legliz katolik legliz pwotestan e latriye.

Lekti – reading: Travay yon moun ki ap li yon ekriti tankou yon tèks yon liv.

Lendi- Monday : Dezyèm jou nan yon semèn e premye jou travay nan semèn nan.

Lespri - spirit: Yon fòs envizib ki kapab aji sou bagay ki vizib. Espri. Yon degre entelijans yon moun fèt avèk li e ki bezwen devlope pandan moun nan ap grandi. Lwa.

Lespri-sen. ˜ sen - Holy Spirit: Lespri ki pran nesans li nan Bondye. Yon nan twa pèsonalite Bondye yo: Papa a Pitit la Lesprisen an.

Lèt – Letter – milk : Yon nan chak inite ki fòme alfabèt yon lang. Senbòl ekriven itilize pou ekri tèks. Yon mwayen moun itilize pou kominike sou papye san yo pa rankontre. Yon likid blan ki soti nan tete kèk femèl bèt e tout moun ki nouris. ˜ elektwonik Yon mwayen moun itilize pou yo ekri nan òdinatè epi voye ekriti a bay destinatè li nan òdinatè li nenpòt ki kote nan monn òdinatè lòt moun nan ye a.

Leta – State : Yon sistèm envizib nan yon peyi ki regle tout afè peyi a. Nan anpil peyi gouvènman avèk leta peyi a fè yon sèl kò. Konfizyon sa a anpeche peyi konsa pwogrese paske moun nan peyi sa a pa kwè nan melanj de kò sa yo (leta avèk gouvènman).

Leve- Load / Lift/ Rise: Kite yon pozisyon kouche pou pran pozisyon chita ou byen kanpe. Soti anba pou monte anwo. Eta solèy la lè li kòmanse klere tè a. Soti nan yon pozisyon orizontal pou pran yon pozisyon vètikal.

Li - He / She / Read: Yon pwonon moun itilize lè yo ap pale avèk yon moun de yon lòt moun pou evite repete non lòt moun nan plizyè fwa. Pase je sou yon tèks pou konprann sans li.

Lib – free : Endepandan. Eta peyi yo ki te soti anba esklavaj peyi kolonizatè yo. Eta yon moun ki posede pouvwa pou pran desizyon sou bagay ki ap pase nan lavi li. Eta moun ki kapab fè sa yo vle avèk lavi yo.

Libète – Freedom : Eta yon moun yon peyi ki lib. Endepandans. Aspirasyon tout pèp pou yo patisipe nan desizyon peyi yo. Anpil moun kwè libète se yon bagay moun pran se pa yon bagay moun bay moun.

Limyè- Light : Klète ki diminye ou byen elimine fènwa. Rezilta klète yon anpoul elektrik bay lè elektrisite pase nan filaman li. Klate solèy la voye sou tè a.

Lisans- license : Pèmisyon yon moun resevwa pou fè Yon ou byen plizyè bagay ki pa kapab fèt san otorizasyon. Libète pou aji pran desizyon. Pou yon moun kondi yon machin li bezwen yon lisans.

Liv – Book / Pound : Anpil fèy papye avèk tèks sou yo ki kole ansanm nan yon fason byen òdone. Lektè kapab soti sou premye paj la pou ale sou dènye a. Moun ki ap li yon liv gen pou yo pase nan paj a goch yo anvan paj a dwat yo. Yon inite nan lajan peyi Angletè. Inite pou eksprime pwa moun.

Livrezon – Delivery / release / liberation : Aksyon moun ki delivre yon bagay.

Liy – line: Yon direksyon dwat. Plizyè bagay ki kanpe Yon dèyè lòt. Yon tras ki fèt avèk yon règ

Loray – Ray – **Loraj**. Yon bri ki fèt pandan yo tonnè ap tonbe e li kapab lage anpil elektrisite nan yon zòn. Moun kapab tande loray anvan lapli tonbe lè lapli ap tonbe e apre lapli tou. Yon ti kras nan elektrisite yon loray kapab fè anpil dega tankou touye moun. Tonnè.

Lwe - Lend / Borrow / Rent: Itilize sa yon lòt moun posede epi peye moun nan pou itilizasyon bagay la.

Lwen – far: Anpil distans ki separe de kote.

M kontan pitit ! – I am happy : Ekspresyon satisfaksyon andedan yon moun ki parèt sou vizaj moun nan lè li ri.

Machandiz - Merchandize: Bagay yon machann achte pou li revann.

Machann - Merchant : Moun ki gen machandiz pou vann

Mache Nwa - Black Market: Yon moman lè machann ki gen yon machandiz pwofite monte pri machandiz la nenpòt wotè yo vle paske pa gen anpil nan machandiz sa a e anpil moun bezwen achte li.

Mache - Market: Yon plas kote machann mete machandiz yo pou yo vann e achtè ale la pou yo achte.

Mache - Walk: Leve pye goch e pye dwat **youn** apre lòt epi depoze li pi devan pou deplase yon kò. Avanse nan menm direksyon **kote** je ap gade.

Machin - Car / Machine : Nenpòt aparèy mekanik elektwonik ki kapab fè yon travay tankou kraze kann kraze mayi woule yon kasèt e latriye. Yon aparèy ki sèvi pou transpòtasyon moun e ki kapab genyen kat sis dis menm dizwit woul.

Madanm - Mrs. : Yon fi ki gen ven ane konsa. Yon fi ki marye avèk yon gason. Yon fi ki posede pouvwa avèk respè. Yon fi ki marye.

Madi - Tuesday: Twazyèm jou nan yon semèn e dezyèm jou travay nan yon semèn.

Madmwazèl - miss: Yon fi ki prèske vini yon madanm; li gen anviwon kenz a ven ane konsa. Yon fi ki pwofesè lekòl. Yon fi ki pa janm marye nan lavi li. Demwazèl.

Mal - evil: Nenpòt bagay ki pa fèt byen ou byen jan sosyete a espere li te sipoze fèt. Satan.

Malè - Mishap: Yon move bagay ki rive san moun ki koz li a pate planifye li.

Manchèt - machete : Yon ti manch. Yon kouto laj long ki fèt pou koupe gwo bagay yon ti kouto pa kapab koupe.

Mande - Ask / Claim : Reklame yon bagay nan men moun pou kado san moun nan pate pran desizyon anvan pou bay bagay la. Pran desizyon pou resevwa yon bagay.

Mango mango - HandleFri yon pye bwa ki gen yon gwo grenn ji kèk fwa fil tou e ki gen menm non avèk pye bwa ki donnen li. Gen anpil mango tankou blan doudous janmari miska grennsi fil fransik e latriye.

Manje - eat: Mete yon bagay nan bouch mastike li epi vale.

Manke - Fail/ Miss : Pèdi yon chans yon benefis. Rate. Anvi pou wè yon moun.

Manman - Mom / Mother :Yon fi yon femèl bèt ki fè piti. Lanati. Yon peyi. Yon fi ki adopte yon timoun.

Manti- Lie : Bagay moun di moun pou verite men ki pa vrè.

Manyen - Touch up / Handle : Touche yon bagay avèk men.

Touche. Travay yon doktè fèy lè li ap pase men li sou tout kò yon malad pou jwenn ki kote yon maladi ye pou preskri tretman pou maladi a.

Mare – tie: Vlope yon kòd byen di sou kò yon moun yon bèt yon bagay avèk espwa moun nan bèt la bagay la p'ap kapab demare tèt li.

Maryaj – marriage: Yon desizyon yon gason avèk yon fi pran anba lalwa pou yo viv ansanm e pou yo chak pran tout responsablite pou lòt la. Yon desizyon yon gason avèk yon fi pran devan Bondye pou yo pase tout lavi yo ansanm nan nenpòt ki kondisyon. De bagay de moun de bèt ki mare ansanm.

Marye – Marry : Pran yon angajman devan lalwa e devan Bondye pou viv avèk yon madanm ou byen yon mari pandan tout lavi madanm nan ou byen mari a. Pran yon angajman.

Mayi – corn: Yon grenn jón wouj yon plant donnen e moun manje li. Moun fè yon poud avèk mayi (mayi-mounlen). Lè grenn mayi a kraze li bay yon poud ki gen de poud diferan nan li: farin mayi a mayi-moulen an.

Medam yo - Ladies: Plizyè fi an gwoup ou byen ki reyini ansanm.

Men - But : Apre yon vigil nan yon fraz Men vle di : Poze aksyon sa a e evite yon lòt aksyon.

Men - Hand : Dènye pwent nan de manm yon moun ki kole nan zepòl yo kote senk dwèt yo ye a. Pati nan kò yon moun li itilize pou kenbe tout sa li bezwen. Pran sa a.

Menm – Same : De ou byen plis bagay ki pa gen diferans ant yo. Men'm Men ki nan kò kò yon moun ki ap pale.

Mennen - Bring out / Bring : Kontwole yon moun yon bèt yon bagay ki soti yon kote pou jis li rive yon lòt kote.

Mèsi - Thank you / Thanks: Mo moun di moun pou montre yo renmen yon bagay yon moun fè yon bagay moun nan bay.

Mesye- Mr / Sir:Mo moun itilize pou montre respè devan yon gason ki pi gran pase yo. Yon gwoup gason plizyè gason ansanm.

Mèt - Meter / Owner: Yon inite pou mezire distans ki pa twò long. Yon mèt gen twa pye ventwit trant-nèf pous trant-sèt nan li. Moun ki posede yon bagay yon bèt yon moun.

Mete - Put / Enter : Depoze rantre yon bagay yon moun yon kote.

Meteyoloji – meteorology: Syans ki etidye tan avèk chanjman nan tan an.

Minit – minute: Yon nan swasant minit yo ki gen yon lè.

Mitan- half / middle: Yon pwen ki divize yon bagay an de pati egal. Yon lide imajinè pou di: lwen andedan yon bagay tankou mitan lanmè.

Mizik – music: Rezilta travay plizyè enstriman mizikal ki ap jwe ansanm pandan yo ap swiv prensip do re mi fa sòl la si a.

Mizisyen - Musician: Moun ki konnen jwe yon enstriman mizikal. Yon pwofesyonèl ki konnen jwe mizik.

Mòd – fashion: Yon bagay tout moun ap fè nan yon epòk. Yon fòm rad tout moun mete sou yo nan yon epòk. Jan yon moun chwazi pou li fè yon bagay.

Monnen – Coin / Change : Lajan ki fèt avèk metal tankou lajan avèk kwiv. Lajan yo remèt ou lè w achete nan yon biyè ki gwo. Change

Monnen – Coin / Change : Lajan ki fèt avèk metal tankou lajan avèk kwiv.

Montre – show: Mete dwèt endèks la nan direksyon yon bagay pou yon moun kapab wè li. Mete yon bagay kote pou moun wè li.

Motosiklèt– motorcycle: Yon machin ki gen de woul avèk yon motè. Chofè yon motosiklèt chanje vitès avèk pye li e li bay gaz avèk men dwat li.

Moun - People – Person : Yon èt vivan ki kòmanse viv sou tè a depi plizyè milye ane ki gen de men de pye e ki mache sou de pye yo. Yon moun kapab pale reflechi li ekri e viv nan sosyete.

Mouri- Die : Eta yon èt vivan yon moun ki sispann respire sispann viv.

Moute – Go up / Climb : It is another form of the verb **Monte** : Soti anba pou ale anwo. Travay yon avyon ki kòmanse vwayaje. Pase pye sou yon chwal, yon bisiklèt yon motosiklèt.

Mouye - Wet : Eta yon bagay ki gen yon likid tankou dlo sou li andedan li.

Move- evil – bad : Fache. Yon moun ki gen plis nan mitan fon li ki pa kontan e ki p'ap ri pou pyès rezon.

Mwa - month: Yon nan douz pati nan yon ane. Gen sèt mwa nan yon ane ki gen tranteen jou nan yo: Janvye Mas Me Jiyè Out Oktòb Desanm. Gen yon sèl mwa Fevriye ki gen 28 ou byen 29 jou nan yon ane. Gen 4 mwa ki gen trant jou: Avril Jyen Septanm Novanm.

Mwayen - Way / Manner / Means: Posiblite ki gen disponib pou itilize. Lajan moun posede pou li depanse nan sa li vle.

Mwen- I : Yon pwonon ki ranplase moun ki ap pale a.

Naje – Swim : Fè mouvman nan dlo pou rete sou dlo a san plonje.

Nasyon – Nation : Yon peyi endepandan ki gen fontyè li e ki gen pwòp leta li avèk gouvènman li. Tout bagay ki rantre nan konstitisyon yon peyi.

Nasyonal - National: Tout bagay ki gen rapò avèk yon nasyon. Rekonesans pitit yon peyi genyen pou li tankou ale nan lagè. Patriyotism. Tout bagay ki andedan yon nasyon tout bagay ki fèt nan yon peyi.

Natirèl - natural: Eta yon bagay ki rete tankou lè li te apèn parèt nan la nati. Bagay ki gen rapò avèk nati a lanati.

Nèg – Black: Tout moun koulè nwa yo. Moun sa yo te premye parèt sou kontinan afriken an gen moun nwa nan tout peyi sou tè a kounnye a.

Nèj – snow: Yon poud blan ki soti nan espas e ki tonbe sou tè a nan peyi ki fè frèt anpil yo. Pou nèj tonbe, tanperati a oblije rete pi wo ke zewo degre Celcius (0ºC) ou byen trant-de degre Fareinheit (32ºF). Lè nèj tonbe sou yon bagay tanperati li pi wo pase 0ºC, li fonn pou bay dlo; kidonk anpil nèj kapab bay anpil dlo. Dlo nèj la ap transfòme an glas si wotè tanperati nan zòn nan pa janm monte. Se sa ki fè moun nan peyi fredi yo konnen oblije mache sou glas nan sezon ivè.

Nesesite - Need / Necessity: Eta yon bagay ki nesesè. Eta yon bagay ki oblije egziste pou yon lòt bagay kapab egziste pase rive pou yon kondisyon akonpli. Eta yon bagay ki gen anpil enpòtans.

Netwaye – clean: Fè yon kote vini pwòp. Retire tout bagay ki sal ki fè yon kote sanble avèk bagay sal. Mete pwòpte nan yon bagay yon kote.

Nimewo – Number : Chif. Yon eleman matematik ki pèmèt moun fè diferans ant plizyè bagay tankou yon kantite paj nan yon jounal ki soti chak jou.

Nò – North : Yon nan kat direksyon kadinal yon ki pèpandikilè a lès avèk lwès. Si yon moun ap ale nan direksyon nò lès sou bò dwat li e lwès sou bò goch li; konsa sid dèyè li.

Nòmal – normal: Jan tout moun espere yon bagay yon moun dwe ye.

Non – Name : Yon mo oubyen plizyè mo ansanm ki ede moun idantifye yon moun.

Non – Negative statement: Yon repons negatif pou yon kesyon ki te merite Yon nan de repons sa yo. Yon mo moun itilize pou fè yon lòt moun konnen yon bagay pa posib pou li reyalize pou rive pou regle e latriye.

Nou - We / You (pural) : Yon pwonon ki ranplase yon gwoup moun. Plizyè moun ansanm. Moun ki di Nou rantre nan gwoup moun nan tou.

Nouvèl – news: Yon emisyon nan radyo televizyon ki pale de tout sa ki ap pase nan yon peyi nan monn. Enfòmasyon sou yon bagay yon moun. ˜ Jenerasyon Yon tip mizik ayisyen ki parèt nan ane katreven yo. Gwoup ki fè mizik sa yo chante an Kreyòl yon fason pou separe nouvo stil mizik yo a avèk ansyen mzik yo chantè te konnen chante nan lang Fransè.

Nwa - Black/ Dark : Yon koulè ki identifye moun ki soti sou kontinan afriken an. Yon koulè ki sanble avèk koulè lannwit. Yon koulè ki kòmanse identifye tout bagay ki negatif avèk eksperyans esklavaj la. Nwa te reprezante yon koulè gwo notab tankou wa yo bondye nan antikite yo te konnen mete sou yo pou rad.

Nyaj – cloud: Yon gwo kantite lè moun sou tè a kapab gade nan lespas e ki sanble yo toujou ap deplase.

Òdinatè –Computer: Yon machin entelijan anpil ki fè yon revolisyon nan fason moun kominike avèk lòt moun avèk lòt machin e konsève tèks yo ekri. Gen anpil diferans nan òdinatè men se de diferans ki pi enpòtan: Sèvitè avèk Pèsonèl. Malgre diferans sa yo tout òdinatè gen senk pati sa yo: klavye monitè sourit òdinatè a menm avèk enprimè a. Moun rele tout senk pati sa yo òdinatè men òdinatè a se kote ki resevwa kòmand klavye a avèk sourit la epi voye kòmand sa yo nan yon diskèt yon enprimè oubyen nenpòt lòt machin byen lwen pandan l'ap itilize yon liy telefòn. Machin sa pèmèt moun ekri nenpòt longè donkiman soti nan yon lèt pou rive nan plizyè milye fraz tankou yon liv. Yon moun ki itilize òdinatè pou ekri kapab mete nenpòt imaj nan tèks la e li kapab fè lèt yo nenpòt gwosè. Bagay yon moun ekri sou òdinatè kapab enprime sou papye ou byen konsève sou yon diskèt pou itilize yon lòt lè. Nenpòt tèks moun ekri sou òdinatè machin nan kapab faks li voye li sou fòm lèt-eletwonik bay yon lòt òdinatè e latriye. Moun kapab itilize òdinatè nan plas televizyon faks machin aparèy telefòn repondè telefòn e anpil lòt bagay toujou.

Ofri - Offer: Lonje yon bagay bay yon moun san li pa mande bagay la. Pwomèt yon moun yon bagay sèvis san li pa mande.

Ogmante – increase: Mete yon bagay sou yon lòt pou fè li vini pi plis pi gwo.

Ou - You : Yon pwonon. Moun itilize li pou pale dirèkteman avèk yon moun.

Oubyen / **oswa** / **osinon** - Or : De mo moun itilize ansanm pou di si se pa yon bagay se yon lòt bagay.

Oumenm - Your / Yourself : Mo moun ki ap kominike avèk lòt moun itilize pou mete plis fòs nan sa yo ap di a epi fè moun yo ap eseye kominike avèk li a santi sa a.

Ouvri- open : Retire yon kouvèti yon pòt ki te bare fèmen yon kote. Devlope yon bagay ki te vlope fèmen. Fè yon bagay tankou bouch yon moun vini laj.

Pak – Easter / park : Yon fèt pou selebre Jezi Kris ki leve soti nan lanmò apre li te mouri jou Vandredi-Sen an. Kretyen yo selebre fèt sa a jou dimanch apre Vandredi-Sen an. Kote moun bare bèt pou yo pa ale flannen. Kote ki gen anpil frechè pye bwa bèl zèb pou moun chita

Pale - Speak / Talk : Ouvri bouch epi kite mo moun kapab konprann soti nan bouch la. Bay yon mesaj di yon moun sa li bezwen tande. Bay yon odyans yon diskou.

Pale Anpil – Speak a lot : Pale san rete san rezon. Di pawòl ki pa gen sans. Pran anpil tan pou fini yon konvèsasyon yon diskou.

Panse - Think : Abilite moun genyen pou yo wè yon bagay nan lespri yo jan bagay la pwal sou papye nan reyalite. Enstriksyon yon moun swiv pou li fè yon bagay e enstriksyon sa soti nan lespri yon lòt moun.

Panyòl – Spanish: Espanyòl. Yon lang moun nan peyi Espay pale. Yon lang ki itilize tout mo ki nan lang moun nan peyi Espay yo epi ki gen kèk lòt mo ogmante sou li. Lang moun pale nan peyi tankou Dominikani Venezwela Ajantin Meksik Ondiras e latriye.

Papa - Dad / Father : Yon gason ki te ansent yon fi epi fi a fè piti la. Yon mari ki gen yon pitit menmsi se nan adopsyon li vini gen pitit la.

Papay – papaya : Yon fri ki gen koulè vè lè li vèt e ayisyen fè legim avèk li. Li gen koulè jón lè li mi e ayisyen fè bon ji avèk li. Moun oblije bwè ji a apèn yo fini fè li paske li ap gate si li rete pou anpil tan. Gen yon ti grenn nwa andedan fri sa a ki gen yon ti likid andedan.

Papye – paper: Yon fèy plat ki fèt avèk moso bwa moun prepare nan izin pou ekri vlope kèk bagay kouvri mi kay nan peyi frèt.

Parapli – Umbrella :Onbwèl. Yon bagay ki fèt pou moun mete sou tèt yo pou pare solèy. Yon bagay ki fèt avèk saten e tou won tankou yon moso boul. Moun itilize li pou bare solèy e pare lapli tou. Dlo lapli a tonbe sou onbwèl la epi li swiv fòm won an pou ale tonbe atè.

Parasol – umbrella: Onbwèl. Yon bagay ki fèt pou moun mete sou tèt yo pou pare solèy. Yon bagay ki fèt avèk saten e tou won tankou yon moso boul. Moun itilize li pou bare solèy e pare lapli tou. Dlo lapli a tonbe sou onbwèl la epi li swiv fòm won an pou ale tonbe atè.

Parese- Laggard / Lagger / Lazy :Yon moun ki toujou panse li gen twòp tan devan li pou fè nenpòt travay li gen pou li fè. Moun ki pa renmen travay ditou.

Parèt – Appear / Show up : Soti nan yon eta envizib pou vini nan yon eta vizib. Eta yon bagay yon moun tout moun ap pale de li san rete nan radyo nan televizyon; tout kote.

Pase - Pass / Past : Soti lwen pou rive yon kote epi kontinye sou wout la san rete. Fè mwayèn ki nesesè pou kite yon klas nan lekòl. Yon mòd rad ki pa egziste ankò.

Pasyon – Passion : Bagay yon moun vle fè san reflechi sou konsekans bagay sa, move kote bagay sa a. Foli ki pouse moun reyalize bagay yo pa t ap janm kapab reyalize si pa te gen anvi sa pou reyalize bagay sa a. Yon maladi anpil moun soufri ki kapab fè yo itil soyete ou byen detwi sosyete.

Pati – party: Yon bò yon kantite yon kwen nan yon bagay. Chak fwa jwè yon jwèt kat tankou pokè rekòmanse jwe. Yon men kat.

Patisipe – Participate : Bay kontribisyon patisipasyon pou yon bagay kapab rive fèt. Chak moun ki ale nan yon maryaj patisipe nan maryaj la.

Patriyotik – patriotic: Tout aksyon yon patriyòt pou peyi li. Nenpòt aksyon patriyotism pou yon peyi. Aksyon yon sitwayen pou defann peyi li.

Pawòl – word: Nenpòt mo ki soti nan bouch yon moun ki ap pale. Pwomès yon moun bay yon lòt moun kenbe.

Pè – fear – priest: Yon nonb lè li divize pa de li ap bay yon rezilta ki pa gen pyès vigil. Moun nan yon òganizasyon gason ki sakrifye tèt yo pou sèvi moun avèk Bondye e yo pa kache aksyon yo. Yon reprezantan Bondye nan legliz katolik. De bagay ki pa gen pyès diferans ant

Pen - Bread: Yon manje sèch pat li fèt avèk farin dlo sèl bè ou byen mantèg anvan li pase nan fou. Kay kote pen an fèt la rele boulanje.

Penpan - **An penpan** means beautiful/ stunning. Yo itilize ekspresyon sa a pou di jan yon bagay vin bèl apre li fin repare, oswa lè yo dekore l. li pale sou jan yon fanm bèl byen abiye epi l atire moun.

Pentire – painting: Itilize yon penso woulo pou pase penti sou fas yon bagay yon mi yon tablo yon desen.

Pèp la - Country / The people : Yon kantite moun ki ap viv nan yon zòn tankou yon vil yon peyi. Tout moun ki ap viv nan peyi Ayiti se pèp ayisyen an.

Peye - Pay : Bay lajan pou yon bagay. Bay yon konpayi, yon moun lajan pou sèvis li rann. ~ Dèt Remèt yon moun yon lajan ki te soti nan men li pou ale nan men yon lòt moun paske moun sa te pwomèt li ap remèt lajan an. Travay yon moun ki rann yon sevis pou yon sèvis

Peyi – Country : Yon moso tè avèk fontyè kote ki gen yon prezidan yon leta yon gouvènman. Yon nasyon endepandan kote moun kapab retounen chak fwa yo ale yon lòt kote.

Peyizan – peasant: Moun ki ap viv nan yon peyi. Moun nan yon peyi ki ap viv kote ki gen plantasyon jaden lwen kapital peyi a vil peyi a. Moun nan yon peyi ki manke mwayen kominikasyon pou benefisye tout bote sivilizasyon.

Piblik – public: Bagay ki fèt pou tout moun tout moun gen dwa patisipe nan li jwi avantaj li itilize li tankou yon legliz yon plas yon pak.

Pil - Battery : Anpil bagay moun ki rasanble ansanm. Batri pou mete nan radyo

Pini – Punish : Fè yon moun soufri pou yon move bagay li fè tankou vyole lalwa fè yon krim e latriye. Mete yon moun nan prizon.

Pitit – Son / Boy : Yon moun manman li avèk papa li te mete ansanm pou fè li nan moman manman an te ap ovile. ~ **Fèy** Nenpòt moun lwa ki monte yon bòkò te trete maladi li te touye yon moun pou li e moun oblije patisipe nan seremoni vodou bòkò a chak ane pou peye yon pati nan dèt li.

Plak – plate: Yon moso materyèl ki sanble avèk jansiv moun ki gen dan nan li e ki kapab chita sou jansiv yon moun pou ranplase jansiv avèk dan moun. Yon moso plastik tout won avèk ti tras sou ki gen mizik anrejistre sou li. Nan ane 1980 yo konpakdis vini epi li ranplase l.

Planifye – Plan / Planify: Prepare yon bagay pou li rive menm jan yon moun vle li rive. Fè yon plan.

Plante – plant: Mete grenn yon plant nan tè pou li gèmen epi grandi. Mete yon ti plant nan tè pou li kontinye grandi.

Plen- Fill / Full : Mete bagay andedan yon lòt bagay pou jis anyen pa kapab antre andedan li ankò.

Plenyen - complain: Travay yon moun ki ap rakonte mizè li tribilasyon li bay yon moun avèk espwa moun sa a ap ede li rezoud pwoblèm sa yo. Lamante. Fè yon bri ki soti nan gòj san kite yon vrè mo soti. Plenyen egzije anpil enèji.

Plis – More: Diferans pi wo ant kantite yon bagay te dwe ye e kantite li ye a. Kantite ki ogmante sou yon bagay. Ogmante de kantite de nonb yon sou lòt.

Plizyè- Several : Anpil bagay ansanm e ki kapab menm bagay la ou byen diferan ant yo.

Pòch – Pocket: Yon tou yon koutiryè yon tayè fè nan yon rad pou moun ki mete rad la kapab mete sa yo bezwen itilize vit tankou yon kle kay yon bous lajan

Poko - Still / Yet : Eta yon bagay ki bezwen plis tan pou li rive. Yon mo ki ale devan lòt mo pou esplike yon bagay yon chanjman ki pwal fèt rive regle e latriye.

Polis - police: Yon òganizasyon militè ki gen nan chak vil pou kenbe mete lòd sekirite nan vil peyi a. Militè sa yo pa antrene pou ale nan lagè.

Popilè – Famous/ Popular: Eta yon moun ki posede yon popilarite. Yon bagay ki gen rapò avèk pèp tankou yon moun anpil moun konnen yon pèp konnen

Posib - possibleEta yon bagay ki kapab pase vini rive e latriye e chans sa yo piti.

Posiblite – possibility: Opòtinite okazyon ki egziste pou yon bagay vini posib.

Pot – Carry : It is the abbrreviation of the verb **Pote** : Deplase yon bagay soti nan yon plas pou ale nan yon lòt san bagay la pa touche tè depi kote li soti pou jis kote li gen pou li rive a.

Pote – carry: Deplase yon bagay soti nan yon plas pou ale nan yon lòt san bagay la pa touche tè depi kote li soti pou jis kote li gen pou li rive a.

Pou – by – for: Lè mo sa kanpe devan yon lòt mo li vle di yon moun posede sa mo ki vini apre li a vle di.

Pousyè – dust: Ti moso tè ki vini tèlman piti e fay yo kapab vole e van kapab pote yo ale tonbe sou lòt bagay. Salte ki poze sou yon kò pwòp e ki chanje koulè kò sa a. Krabinay tè ki kapab vole.

Pozisyon – position: Kote yon bagay ye. Travay yon moun ap fè nan yon biznis. Opinyon yon moun sou yon bagay.

Pran - Take / Catch: Itilize fòs pou retire yon bagay nan men yon moun ki te posede. Akepte resevwa yon bagay nan men yon lòt moun.

Premye – First : Bagay ki vini rive anvan an. Yon moun yon bagay ki gen nimewo en ki menm avèk nimewo en. Pozisyon yon moun ki rive anvan an kote yon kous fini.

Prepare – Prepare : Fè tout sa ki nesesè pou kòmanse fè yon lòt bagay ki bezwen fèt.

Prese- hurry: Fè yon bagay ki dwe fèt pi vit pase jan li te dwe fèt la. Mete yon rad anba yon machin ki rele près pou retire plis nan rad la.

Prete – lend – borrow: Aksepte yon bagay lajan nan men yon moun epi bay moun nan pwomès pou remèt li bagay la lajan an.

Prevwa – forecast: Wè yon bagay anvan li egziste nan reyalite.

Prezidan - President: Pi gwo chèf premye moun nan yon peyi ki gen yon gouvènman.

Pri – price : Kantite kòb yon machann mande pou machandiz li ap vann. Yon bagay lajan yon moun resevwa avèk konpliman pou yon bagay li fè byen.

Prive – private : Eta yon bagay yon moun posede e se moun sa a ki gen dwa fè sa li vle avèk li. Sektè ˜ Nenpòt biznis nan yon peyi ki pa nan gwoup biznis gwoup òganizasyon leta yo.

Prizon- Prison : Yon kay kote yon jij voye yon moun apre jijman li pou pini li pou krim li fè paske li vyole lalwa. Yon plas sosyete konstwi pou mete tout kriminèl moun ki pèdi dwa yo te genyen pou viv lib nan sosyete. Yon mwayen sosyete itilize pou retire libète nan men moun.

Pwason – fish : Anpil bèt ki viv nan dlo e moun manje anpil nan yo. Anpil pwason gen fòm oval avèk yon pwent kote bouch yo je yo avèk zòrèy yo ye. Lòt pwent la se kote ke yo ye.

Pwoblèm – Problem / Trouble: Yon bagay yon sitiyasyon yon moun pa kapab konprann. Yon bagay ki twouble lespri moun. Nenpòt bagay ki bezwen yon solisyon.

Pwodiksyon – production: Etap mwayen moun itilize pou fè yon bagay pou vann pou moun itilize.

Pwodwi – Product : Tout bagay moun fè. Tout bagay yon konpayi fè nan izin li pou vann pou moun itilize. Tout machandiz ki nan magazen boutik mache pou vann.

Pwofesè – professor : Moun ki kapab pwofese. Moun ki gen konesans e ki gen djòb pou separe konesans yo avèk elèv nan lekòl.

Pwogram – program: Planifikasyon. Jan yon moun prevwa li pwal fè yon bagay. Jan yon bagay ekri sou papye pou li kapab vini fèt nan reyalite. Yon rasanbleman anpil desen lòd entriksyon mesaj ki fèt pou enstale nan òdinatè; konsa moun avèk òdinatè a kapab konprann sa ki

Pwograme – program: Ekri liy pwogramè avèk òdinatè kapab konprann pou pase òdinatè lòd kominike avèk òdinatè e moun ki ap ale itilize yon pwogram.

Pwòp- Clean / Self: Eta yon bagay ki pa gen pyès salte sou li. Bagay ki pou yon moun.

Pwoteje – Protect : Anpeche bagay mal rive. Bay sekirite. Kache yon bagay pou vòlè pa jwenn li.

Pye – Foot / Feet: Pati anba nan kò yon moun ki kole avèk jenou an e ki touche tè a lè yon moun ap mache. Yon bagay ki touche tè a e ki pèmèt yon bagay kanpe anlè tè a. Yon kantite douz pous.

Radyo – radio: Yon mwayen kominikasyon ki egziste ant yon gwo aparèy elektwo-mayetik ki voye son nan lespas e yon ti aparèy elektwo-mayetik ki ap resevwa son sa yo. Kantite ti aparèy ki kapab resevwa son sa yo pa gen limit. De ti aparèy de moun, pou pi piti, kapab ititlize pou yo pale, kominike ant yo de a.

Rakonte – tell - recount / count: Pale de yon bagay ki pase. Bay yon kont tankou istwa Bouki avèk Timalis.

Randevou - appointment : Yon lè de oubyen plis moun antann yo pou rankontre yon kote pou pale de yon bagay.

Ranje - Fix / Organize : Mete plizyè bagay nan yon pozisyon ki ede jwenn yo lè gen bezwen pou yo. Bay yon bagay yon fòm li te pèdi. Plizyè bagay ki nan yon pozisyon. Ranje nan fraz sa a vle di : « mete sou li ». Se yon koutim moun Ayiti genyen lè yo al achte pou mande machann yo pou « ranje » yo. Sa vle di mete sou kantite y ap ba yo pou lajan yo a. Men yo p ap met anpil. Se yon fason pou fè discount men olye se nan pri li yo retire, se mete yo mete yon tikras sou kantite ki pou lajan an.

Rankontre – find: Soti nan yon pozisyon yondireksyon pou ale menm kote avèk lòt moun ki pa soti menm kote a.

Rate – Fail: Synonym of Manke : Pèdi chans ki te egziste pou reyalize benefisye yon bagay. Aksyon yon pèlen ki kite pozisyon yon moun te ranje li pou kenbe yon bèt.

Règ – Ruler:Yon moso materyèl ki ede moun trase yon liy dwat. Prensip moun fèt pou yo respekte. San ki soti nan koko yon fi chak ventwit jou nan yon mwa pou avèti fi a li ap ale ovile nan katòz jou. Gen kèk fi ki gen gwo doulè nan vant yo lè yo gen règ yo.

Regrèt - Regret / sorry : Eta yon moun ki gen lapenn pou yon bagay ki te fèt mal. Yon moun ki regrèt yon bagay y'ap chache ranje li depi li kapab. Gen bagay tankou lanmò moun regrèt lè li rive menm jan avèk lanmò tou gen bagay moun pa kapab chanje.

Rekonesans - Recognition: Konesans ki retounen nan tèt yon moun apre anpil tan te pase depi moun nan te pèdi konesans la. Apresyasyon yon moun montre pou yon bagay yon lòt moun fè. Konpliman yon moun resevwa pou yon bon bagay li fè.

Rekonèt - Recognize / Know / Meet : Itilizasyon ansyen konesans pou sonje yon bagay. Sonje resanblans yon bagay. Rakontre yon moun pou premye fwa.

Relasyon – Relationship : Lyen yon bagay yon moun gen avèk yon lòt bagay yon lòt moun. Rezon ki fè de moun toujou rankontre. ˜ Entim Relasyon yon fi avèk yon gason genyen kote Yon konnen anpil sekrè nan lavi lòt la yo chak konn wè e manyen tout pati nan kò lòt la.

Rele – Call : Travay yon moun ki kite non yon moun soti nan bouch li yon fason pou moun nan vini jwenn li. Gwo bri moun fè lè yo ap kriye.

Rèn - Queen: Yon fi ki ap gouvène nan plas yon wa. Madanm yon wa. Yon fi ki gen anpil pouvwa ki gen moun anba li li gouvène yo.

Renmen - Love / Like : Posede lanmou nan kè pou yon lòt moun. Aksepte rantre nan yon relasyon entim avèk yon moun.

Repo - Repose / Rest: Yon pozisyon kote pa gen pyès kontraksyon sou gwo manb nan kò yon moun. Eta yon moun k'ap dòmi.

Resevwa – receive : Aksepte pran yon bagay nan men yon moun.

Travay yon moun ki kite yon moun rantre lakay li.

Resi – Receipt / invoice: Yon moso papye yon moun bay yon lòt moun pou fè lòt moun konnen li te resevwa yon bagay nan men moun sa. Yon machann bay yon achtè yon resi pou fè konnen li te resevwa lajan nan men achtè a.

Responsabilite – responsibility: Eta yon moun ki aksepte vini responsab yon chay ki vin tonbe sou do li. Responsablite ki tonbe dirèkteman sou do yon moun tankou yon papa ki responsab piti li.

Restoran – restaurant : Yon biznis kote se manje yo fè sèlman pou moun ale chita manje epi peye pou bagay sa yo. Kote machann prepare manje pou moun ale e jwenn lòt moun pou sèvi yo byen pou lajan.

Rete - Stay / Remain : Sispann mache kanpe yon kote pou pran repo. Viv yon kote nan yon kay.

Retire – remove: Pran yon bagay nan mitan yon lòt bagay epi mete li yon lòt kote. Chanje yon bagay plas

Retounen – return: Pran yon bagay ki te soti nan yon pozisyon epi ale mete li nan menm pozisyon an. Bay yon moun yon bagay ki te soti nan men li deja tankou lajan e latriye. Aksyon yon moun ki ale nan yon zòn kote li te ye deja.

Rèv - Dream: Imaj lavi reyèl. Yon lavi moun viv sèlman lè yo ap dòmi: moun nan wè e fè tout sa li ta kapab fè si li pa t'ap dòmi. Moun ki nan yon rèv kapab wè yon bagay ki te nan lespri yo anvan yo te ale dòmi. Kèk fwa tou yon rèv anonse yon moun bagay ki gen pou pase nan lavi reyèl li. Espri sinatirèl yo itilize rèv pou kominike avèk moun. Bondye itilize rèv tou pou kominike avèk relijye yo.

Rezon- Reason : Bon fason moun panse. Abilite pou yon moun panse byen. Travay yon moun ki fè moun konprann e aksepte pozisyon pa li pou bon pozisyon an. Kapasite abilite pou itilize entelijans pou pran desizyon men pa sansiblite.

Rezoud - resolution / resolved: Jwenn bay solisyon yon pwoblèm

Ri - Laugh / Smile: Travay moun ki leve po bouch yo pou mete dan yo deyò epi eksprime kè kontan yo.

Ri – Street: Yon espas nan yon vil kote nenpòt moun gen dwa pase. Yon zòn piblik nan yon vil.

Rive – Arrive : Finisman dènye bout yon vwayaj. Ale jis nan yon destinasyon. Travay yon moun ki rantre yon kote lòt moun t'ap tan li.

Rivyè – river: Yon kouran dlo dous ki soti nan yon sous epi ki swiv tout nivo tè ki pi ba pase nivo kote li soti a pou jis li rive nan lanmè. Larivyè.

Ryen - Nothing: Synonym of **Anyen:** Zewo. San valè. Chif ki lye tout nonb pozitif avèk nonb negatif yo.

Pozisyon yon moun ki pa pou ki pa kont yon bagay.

Sab – sand: Anpil poud kraze ti wòch ki sou kote lanmè larivyè e mason itilize yo pou fè mòtye pou kontriksyon.

Sak - bag – wallet : Nenpòt bagay fon avèk lans ki fèt pou moun pote bagay yo pa vle pote nan men yo.

Sal – Dirty: Eta yon bagay ki gen malpwoprete sou li tankou pousyè. Eta yon rad ki gen kras swè moun labou pousyè kole sou li.

Sal la - Room: Yon gwo chanm kote moun nan yon kominote selebre gwo okazyon evènman avèk fèt.

Salon – salon: Yon chanm nan yon kay ki pote menm non avèk yon gwoup mèb andedan li. Nan kèk kay chanm sa sèvi pou resevwa moun ki pa rete nan kay la. Moun ki rete nan kay la itilize li pou divètisman tankou gade televizyon.

Salte – Dirty : Bagay ki fè yon lòt bagay sal. Malpwoprete. Pousyè ki rasanble tonbe sou yon kò fas yon bagay.

Samdi – Saturday: Setyèm e dènye jou nan yon semèn. Apre jounen samdi a yon lòt semèn kòmanse. Se jou sa tout moun nan legliz Advantis yo ale legliz pou priye e bay Bondye glwa.

San – blood: Yon likid ki toujou ap sikile nan venn moun avèk èd kè moun ki sèvi tankou yon ponp pou rale e pouse san an nan tout venn yo. San an vrèman divize an de pati: san wouj avèk san blan an. 100. Yon kantite ki gen san inite nan li. Senkant miltipiye pa

Santi - Feel : Eta yon bagay ki bay yon sant moun pa renmen yon sant ki move. Eta yon move kominikasyon ant plizyè manb nan kò yon moun. Si yon bagay touche yon moun pati sa a nan kò a ap kominike enfòmasyon an bay yon lòt pati nan kò a; konsa moun nan ap konnen gen

Se - Be : Men kisa yon bagay ye. Mo moun mete devan yon lòt mo pou di kisa mo a vle di.

Sè - Sister: Yon fi ki gen menm papa menm manman avèk yon lòt moun. Yon fi ki gen menm parenn menm marenn avèk yon moun. Yon mè. Yon fi ki pa janm fè piti. Yon fi ki se fidèl nan yon legliz.

Segondè – Highschool / Secondary : Yon bagay ki vini apre ki gen priyorite an dezyèm pozisyon. Yon nivo lekòl nan peyi Ayiti ki vini apre lekòl primè.

Sèl – salt: Yon materyèl ki gen nan lanmè e moun retire li nan lanmè, netwaye li pou yo kapab itilize nan preparasyon manje, fonn nèj avèk glas nan peyi ki fè frèt yo. Sèl gen yon eleman chimik ki rele sodyòm nan li. Yon bagay ki gen fòm do bèt tankou cheval e ki pèmèt moun, ki antrene pou sa, chita sou do yon bèt san li pa tonbe.

Sen – saint: Moun ki te sakrifye tout lavi yo ap sèvi moun sou tè a e legliz katolik bay yo glwa, kèk tan apre lanmò yo. Yon moun ki pa fè pyès peche. Yon bagay ki pa gen pyès pati nan kò li ki gate. ˜ **Domeng**, Ansyen non tout il kote peyi Ayiti avèk Dominikani an ye a. Lè peyi Espay te vini pran pati lès il la, li te bay pati sa yon non espanyòl (Santo Domingo) e Ayiti pote yon non fransè paske peyi Frans te kontinye kolonize li pou jis rive nan ane 1803 yo. ˜ **Espri**, Yon nan twa pati Bondye yo sou kote papa a avèk piti. Yon espri ki monte moun nan kèk legliz e fidèl legliz sa yo kwè se lespri Bondye ki monte moun sa yo. Yon espri ki sen, ki soti nan Bondye. ˜ **Mak**, Yon vil nan Depatman Latibonit la kote Wout Nasyonal Nimewo En an pase pou ale nan nò peyi Ayiti. Saint Marc. Non yon pwofètè. ˜ **Michèl**, Yon vil nan vil Latibonit la ki tou pre Gonayiv. Non yon pwofèt.

Sètifika – certificate: Yon moso papye avèk ekriti sou li ki montre yon moun te etidye nan yon lekòl e li te fini etid la pou kantite tan nesesè a. Dènye klas nan lekòl primè nan peyi Ayiti.

Sèvis– service: Aksyon yon moun ki sèvi yon lòt moun. Aksyon yon moun ki fè yon travay yon lòt moun te gen pou li fè san li pa touche pou sa.

Sik – sugar : Yon preparasyon konsantrasyon ji kann ki fè likid sa a vini fè yon poud tankou sab men li dous e li fonn nan likid. Nenpòt poud dous.

Silvouplè – Please : Ekspresyon nan bouch yon moun ki vle montre li pa merite yon sèvis li ap mande. Mo moun itilize pou sipiye/soupriye yon lòt moun pou rann li yon sèvis. Yon moun ki vle mande yon asasen pou li pa touye li kapab di asasen an: silvouplè pa touye mwen.

Simante – Cement: Mete mòtye ki gen siman nan li sou yon moso tè andedan chanm yon kay.

Sispann – suspend : Moman kote yon bagay kanpe pou rekòmanse ankò yon lòt lè. Kanpe.

Sitwayen – citizen : Moun ki pote nasyonalite yon peyi. Moun ki te fèt nan yon peyi e ki rete kenbe nasyonalite li te genyen nan menm peyi sa.

Sitwon lemon: Grenn yon pye bwa ki gen anpil asid nan li. Yon grenn sitwon gen prèske menm fòm avèk yon ze poul. Sitwon gen koulè vè anvan li mi e apre sa li vini gen koulè jón. Yon pye sitwon gen anpil pikan sou li e li pa grandi tou dwa apre li fini rive yon wotè.

Sivik – civic: Nenpòt bagay ki gen rapò avèk yon sitwayen yon peyi tankou vote ale nan lagè patisipe nan jiri e latriye.

Son – sound: Nenpòt bagay zòrèy kapab tande.

Sonnen – Sound / Ring : Eta yon bagay ki fè yon gwo son ki twò fò pou moun koute. Son yon klòch fè.

Sòs – sauceManje likid moun fè pou yo mete sou lòt manje ki di pou ede manje di sa yo desann pi fasil nan gòj. Sòs ogmante gou manje di yo ki pa kapab kenbe bon gou pou anpil tan menm jan avèk sòs.

Sosyete – Society : Gwoup moun ki antann yo pou yo viv ansanm; konsa yo fè lwa pou esplike dwa avèk devwa chak moun. Chak moun fèt pou konnen kijan pou yo konpòte yo pou pyès moun pa annwiye moun ki ap viv sou kote yo. Kapab gen plizyè sosyete nan yon peyi, men nòmalman yon peyi se yon sosyete.

Sot – Leave / Depart : It is the abbreviated form of the verb **Soti** : Kite andedan yon bagay epi ale. Swiv chemen pou ale deyò yon bagay tankou yon kay. Aksyon yon moun ki pran wout ale kite yon espas fèmen andedan yon bagay kote li te ye tankou dlo.

Soti – leave – depart: Kite andedan yon bagay epi ale. Swiv chemen pou ale deyò yon bagay tankou yon kay. Aksyon yon moun ki pran wout ale kite yon espas fèmen andedan yon bagay kote li te ye tankou dlo.

Sou – On / About : Okipe pozisyon anlè yon bagay men toupre bagay la e kèk fwa kole anlè bagay la. Bwè bwason ki gen alkòl nan li e ki fè moun nan pèdi ekilib mache li. Yon moun ki sou pa gen bon konsyans e li pale anpil.

Sou Do – Carry something / Have the responsibility of someone or something : Yon langaj moun itilize pou di yo ap pote yon bagay, yon responsablite sou do yo.

Souf – breath: Sous lavi. Yon bagay envizib nan kò moun ki kenbe li nan lavi. Yon pwodwi chimik lè li boule ki disparèt e ki pa men kite sann. Yon pati andedan kèk bèt. Souf kapab evapore nan dife.

Sousi – Eyebrows : Yon ti liy cheve ki anlè je moun men li pa cheve. Chak moun gen sousi sou tou de je li. Eta yon moun ki santi li gen yon responsablite sou do li.

Souvan – frequently: Eta yon bagay repetisyon li fèt avèk rapidite. Mè yo priye pi souvan pase tout relijye.

Spò – sport: Anpil disiplin kote moun swiv kèk prensip pandan y'ap fè egzèsis pou ogmante enèji nan manm kò yo. Moun fè spò anpil pou ede yo kontinye jwe anpil jwèt tankou foubòl volebòl bizbòl e latriye.

Stil – style: Jan yon moun ye jan li abiye jan li fè tout bagay li konn fè. Mwayen yon moun itilize pou li fè yon bagay. (Gen kèk moun ki di *estil* tou)

Syans - Science: Konesans ki chita sou reyalite. Yon branch konesans byen defini. Konesans sou lwa lanati. Tout kò ki pre fas tè a ap toujou tonbe sou li; sa a se yon lwa lanati ki rele gravite

Syèl – heaven : Espas vid moun kapab wè anlè a kote zetwal lalin avèk tout lòt planèt yo ye.

Tab – Table : Youn moso planch rektang kare oubyen kèk lòt materyèl ki kanpe sou plizyè pye kote moun manje jwe kat elatriye. Yon fason pou di de ou plis moun pa depase lòt la nan nivo wotè.

Taksi – Taxi : Yon vwati piblik ki pran pasaje yon kote epi ale depoze yo yon lòt kote epi yo peye chofè a kòb. Gen de gwoup taksi: yon gwoup pote yon sèl moun ou byen plizyè moun ki konnen Youn avèk lòt e lòt gwoup la pote plizyè moun menmsi Youn pa konnen lòt. Premye

Tan – Time :Lè. Yon kantite lè jou mwa ane **elatriye** ki pase. Yon epòk ki pase. Eta tanperati ye.

Tan Lontan – Long time ago : Yon kantite tan ki te pase men gen anpil tan depi tan sa a te pase.

Tanbou – drum: Yon enstriman mizikal ki fèt avèk yon moso bwa tankou yon mamit, yon twons bwa. Li kouvri avèk yon moso po bèt ou byen yon materyèl ki kapab tranble menm jan avèk po bèt nan yon pwent. Lòt pwent la rete san kouvri pou kite son pase. Mizisyen, gwoup mizikal nan tout peyi itilize tanbou nan mizik yo. Fòm tanbou a kapab chanje soti nan yon peyi pou ale nan yon lòt, men tout jwe menm wòl la.

Tande- Hear / Listen : Pati andedan zòrèy yon moun ki ede li identifye son. Tande son san bay son sa enpòtans ou byen kenbe li nan Yon nan twa memwa yo.

Tank – tank : Yon machin gèrye itilize pou ale nan lagè e machin sa a itilize chèn pou li deplase. Li pote kanno li tire kanno e bal ti zam pa kapab rantre andedan li pou touye moun li ap pote yo. Yon bwat an metal ki kenbe gaz pou motè yon machin brile rezèvwa.

Tant – Aunt/ Tend: Sè manman sè papa yon lòt moun. Yon ti kay moun fè pou pase yon ti tan kout nan yon zòn. Se yon ti kay demontab ki fèt ak twal yo mare nan pikèt moun itilize pou yo rete pou yon ti tan.

Tchoule -? It is an idiom : « kò a tchoule : means getting old » Se yon fason pou di ke yon moun granmoun epi kò li lou, li pa ka fè gwo efò tankou mache anpil, lave...) kò a koumanse tchoule : lè sa m sot eksplike la a yo fèk koumanse.

Tè – Earth : Planèt kote tout peyi nan monn ye kote tout moun nan monn ap viv. Pati sou planèt Tè a ki pa gen dlo kouvri li.

Te - Tea : Fèy bouyi nan dlo epi ki sikre ou byen sale pou moun bwè.

Te kwè – I thought / Believed : Ou itilize ekpresyon sa a lè w te konn yon enfòmasyon epi yo vin di w yon lòt bagay. Ou itilize l pou w di se pat sa w te konnen. Egzanp: Lazard mande Yeral ki kote Vorb ye koulye a. Yeral di: "Li Ayiti" epi Lazard di: "te kwè m te kite l Sendomeng". Sa vle di li te konnen se Sendomeng Vorb te ye. Li pa wè kilè li gentan Ayiti la a.

Telefòn – Phone / Telephone : Yon mwayen kominikasyon ki pèmèt de ou plis moun kominike de lwen depi yo gen yon aparèy telefòn ki lye avèk Yon nan santral telefonik yon konpayi ki bay sèvis telefonik. Nan kòmansman evolisyon telefòn konpayi yo te konn itilize fil sèlman pou lye chak aparèy nan yon kay avèk santral la. Nan dezyèm pati ventyèm syèk la, te vin gen aparèy telefòn san fil ki sèvi tankou jan gwo santral yo te konnen pèmèt moun nan yon peyi kominike avèk lòt moun nan lòt peyi.

Televizyon – Television : Yon ti aparèy moun gen andedan kay ki bay son ansanm avèk imaj; konsa moun kapab wè moun sou ekran ti aparèy la. Yon gwo aparèy ki voye imaj avèk son nan yon ti aparèy; konsa moun ki ap travay kote gwo aparèy sa yo ye a kapab voye nenpòt imaj tankou sinema nan ti aparèy yo, nan kay moun. Tout sa ki fèt nan radyo kapab fèt nan televizyon, men nan televizyon moun pa tande sèlman; yo kapab wè sa yo tande a. Gwo aparèy televizyon yo itilize ond ki bezwen antèn pou kominike avèk ti aparèy ki resevwa son avèk imaj yo. Gwo aparèy yo itilize kamera pou sous son avèk imaj. Kamera kapab pran son avèk imaj yo nenpòt kote epi ale transmèt yo bay gwo aparèy la ki ap ale itilize antèn pou voye son ansanm avèk imaj nan lespas kote ti aparèy yo jwenn son avèk imaj sa yo pou mete sou ekran yo.

Tèlman – So : Yo itilze mo sa a pou di jan yon bagay anpil. Eg. M tèlman grangou la a - I'm so hungry. M tèlman bezwen lajan la a - I need money so much.

Temwen – witness : Yon moun ki te wè lè yon bagay te ap pase. Yon moun yon bagay te pase devan li e li kapab ede mete yon kriminèl nan prizon paske li se pi bon moun ki kapab pale de sa ki te pase a.

Tèt – Head: Pati ki pi wo nan yon bagay. Pati kote bouch je nen e zòrèy yon èt vivan tankou moun ye. Premye gwoup moun ki kanpe nan yon liy moun.

Tèt Anba – Head down: Pran yon moun yon bagay epi mete pati anlè a anba epi mete pati anba anlè.

Tèt Kale – Bald: Eta tèt yon moun ki koupe tout cheve nan tèt li. Eta yon moun tout cheve nan tèt li rache lè li soufri yon maladi tankou kansè. Eta yon gason ki pèdi tout cheve nan tèt li paske li ap rantre nan laj. **Kale Tèt** Eksplwate. Pran tout sa yon moun genyen pandan w fè tankou w se zanmi l. Eg. Ana kale tèt Juno nèt. Tifi sa a se yon kale tèt = se zafè/lajan/byen moun li vin pran = se moun li vin eksplwate.

Ti - Short / Diminutive : Eta yon bagay kantite li pa anpil gwosè li pa gwo anpil yon bagay ki poko grandi pou rive nan wotè nòmal li. Se yon diminitif yo mete devan mo pou ba li yon sans pwòp oubyen sans figire.

Tikal- Tikras slightly : Yon kantite bagay yon moun ap mande ou byen li ap bay men li pa vle resevwa bay yon gwo kantite nan li.

Timid – shy : Tanperaman yon moun ki renmen rete pou kont li paske li pa renmen rete menm kote avèk lòt moun. Eta yon moun ki pa kapab gade moun nan je, menm lè li ap pale avèk yon moun. Timoun ki grandi avèk granmoun ki toujou ap entimide yo kapab grandi timid e mwens entelijan tou.

Timoun - Boy / Girl / Child: Yon moun ki ap viv lakay manman li avèk papa li paske li poko kapab responsab tèt li. Yon moun ki poko gen dizwit ane ki pa kapab vote nan yon eleksyon ki poko fè pitit e sosyete a ap difisil pou aksepte li deja fè pitit. Moun ki sou responsablite paran yo.

Tonbe- Fall: Soti anlè pou rive atè avèk libète. Lè yon bagay ap tonbe gravite rale li desann vit. Trip bèt moun manje yo ayisyen fè bouyon avèk li.

Tonèl – Porch : se yon espas vid ki kouvri ak tòl oubyen lòt bagay epi ke ben poto ki kenbe sa ki kouvri la a.

Tonton – Uncle : Frè manman frè papa yon moun. Mo anpil jèn ayisyen itilize pou rele yon moun ki pi gran pase yo ; konsa yo kwè yo bay moun nan anpil respè pou moun sa. Moun sa a pa frè manman yo ou byen papa yo.

Touche – Touch / EarnResevwa lajan pou yon travay apre kontra, kòmansman, finisman yon travay. Kole yon pati nan yon kò sou menm kò a, sou yon lòt kò. Travay yon doktè fèy lè li ap pase men li sou tout kò yon malad pou jwenn kote yon maladi ye, pou preskri medikaman pou maladi a. Manyen.

Tout – All / Everything : Kantite yon bagay yon gwoup san retire nan bagay la, gwoup la.

Touye - Kill : Retire lavi nan yon èt vivan. Fè bagay ki kòz yon moun nenpòt lòt bagay mouri.

Trafik- Traffic : Eta bagay ki ap avanse nan yon direksyon plizyè direksyon tankou anpil moun nan yon ri machin sou yon wout.

Tranble – tremble / shake: Eta yon bagay ki ap souke tankou gen yon gwo van ki ap souke li. Eta yon moun ki pè yon bagay yon moun.

Transfere – Transfer : Fòse pran yon bagay epi mete li yon lòt kote nan yon lòt pozisyon. Fòse fè yon moun ale yon lòt kote. Retire yon moun nan yon djòb yon travay epi mete li nan yon lòt travay pandan li toujou ap travay pou menm patwon an.

Travay – Work : Nenpòt bagay yon moun fè ki itil nenpòt sosyete sou tè a. Kontribisyon yon moun bay pou yon bagay rive fèt nan yon biznis yon òganizasyon e nenpòt lòt kote moun nan ye.

Tribinal – Court : Yon kay leta kote jijman fèt. Kote yon jij yon jiri de avoka ou plis avèk yon gwoup moun reyini pou fè yon jijman. Tout moun sa yo pa oblije patisipe nan yon jijman men lè yo tout la gen mwens chans pou gen magouy fèt nan jijman an.

Vag – Vague / Wave: Eta yon bagay ki pa fasil pou konpran paske chak moun kapab konprann li nan fason pa yo e fason yon moun konprann li a pa menm jan yon lòt moun konprann li. Eta yon moun ki pa bay pyès bagay valè menm lavi. Pati nan yon kantite dlo tankou lanmè, rivyè ki chita yon kote epi van ap pouse li ale sou tè ki sou kote dlo sa a.

Vandredi - FridaySizyèm jou nan yon semèn senkyèm e dènye jou travay nan yon semèn. ˜ Sen Yon jou tout relijye kwè Jezi Kris te mouri apre anpil tribilasyon anba men Jwif yo. Jou moun nan legliz katolik yo selebre lanmò Jezi Kris pandan yo ap rekreye moman tribilasyon

Vann – Sell : Aksyon yon moun ki kite lòt moun pran sa li posede depi moun nan bay kòb pou bagay li pran an. Travay machann ki **anndedan** yon mache. Travay yon fi ki kite gason kouche li pou kòb.

Vant – belly : Pati nan kò tout èt vivan kote manje li manje ale rete anvan yo ale nan kèk lòt pati kò a ou byen anvan yo ale nan poupou. Nenpòt bagay ki gen fòm yon bagay plat epi de pwent li wo, men mitan li desann pi ba. ˜ **Mennen,** Yon poupou likid ki soti nan dèyè moun lè yo manje yon manje kò yo pa renmen. Eta yon moun ki pran yon mestin.

Vante- Blow: Travay van fè lè vitès li plis pase zewo. Pawòl ki soti nan bouch yon moun pou montre li gen plis valè pase valè li genyen tout bon vre.

Vantilatè – Fan : Yon aparèy elektwo-mayetik ki gen yon mannivèl ki bay van e van sa kapab cho ou byen frèt paske aparèy sa a bay van nan wotè tanperati toupre kote li ye a.

Vè - Green - Glass : It is a another spelling for the color **vèt** :Tout bagay ki gen menm koulè ou byen prèske menm koulè avèk koulè fèy vèt yon pye bwa. Yon nan sèt koulè yo ki gen nan yon lakansyèl. Eta yon fwi ki gen koulè vè e ki gen move gou paske li pa mi.

Verite- truth: Yon pawòl ki vrè ki gen fondman ki reyèl. Yon pawòl moun kapab verifye sous li ki kote li soti.

Vid – empty: Eta nenpòt bagay ki pa gen anyen andedan li. Eta yon moun ki sòt yon fason pou di moun nan pa gen anyen nan tèt li. Eta yon wout ki pa gen pyès trafik sou li.

Vil – villa – city: Lavil. Yon kote nan yon peyi ki gen anpil kay rasanble nan yon sèl zòn e gen anpil moun ki ap viv nan zòn sa a.

Vin – Come : It is the abbreviated form of the verb **Vini** : Soti nan yon distans epi mache nan direksyon pou diminye distans ki te genyen an.

VinicomeSoti nan yon distans epi mache nan direksyon pou diminye distans ki te genyen an.

Viv – Live : Eta yon èt vivan ki kontinye egziste paske li gen souf, sous lavi.

Vle – Want : Anvi obeyisans moun genyen pou fè yon bagay. Volonte.

Vòlè – Rob / Steal. Another spelling of vòlò. :Pran bagay ki te pou yon lòt moun san otorizasyon pèmisyon moun nan. Renmen pran bagay lòt moun posede pou yo kapab vini posede anpil bagay.

Volebòl - volleyball: Yon jwèt jwè yo jwe avèk yon boul yo ap voye pase anlè yon filè. Chak nan de ekip ki ap jwe yo kanpe nan yon bò filè a pou tann lè lòt ekip la voye boul la sou bò pa li a. Yon ekip fè gòl lè lòt ekip la kite boul la tonbe sou bò pa li a de fwa.

Volim – volume: Yon kantite nan yon bagay. Wotè yon son moun ap koute. Yon bouton nan yon aparèy tankou radyo televizyon ki kontwole wotè son aparèy la ap bay

Voye- Ejaculate : Aksyon yon gason ki santi li tèlman byen lè zozo li andedan koko yon fi epi li lage dechay andedan koko fi a. Ejakile.

Voye- Send: Pouse yon bagay nan direksyon anlè pou li ale tonbe yon lòt kote.

Vwayajetravel - tripKite yon zòn yon plas pou ale nan yon lòt zòn yon lòt plas. Kite tè a pou ale yon lòt kote. Mouri. Aksyon yon moun ki kite peyi li e ki ale nan yon lòt peyi.

Vwazen - Neighbour: Yon gason ki ap viv sou kote kay yon lòt moun

Vwazin – neighbor: Yon fi ki ap viv sou kote kay yon lòt moun

Vyann - meatPati mou nan kò yon èt vivan tankou yon kochon ki kouvri zo yo e ki ant po avèk zo yo.

Vye – old: Eta yon bagay yon moun ki egziste depi anpil ane. Bagay ki pa bon ankò ki pa gen valè ki pa vo anyen. Yon bagay menmsi li te nan mache ou byen pou vann moun p'ap ofri lajan pou li.

Wa - King : Chèf yon peyi nan tan lontan moun te panse ki reprezante Bondye sou tè a. Nan anpil wayòm premye pitit gason wa ranplase li lè li mouri.

Wòb – dress: Rad koutiryè fè pou fi mete sou yo. Yon rad ki gen yon kòsaj avèk yon jip ki kole ansanm. Yon rad pè yo avèk kèk pastè mete sou yo pou fè seremoni nan legliz yo

Womans - Romance: Aksyon de moun ki gen relasyon entim. De moun sa yo kapab ale mache nan yon plas pandan yo kenbe men yo ap bo tanzantan. Yo kapab ale nan bal ale nan sinema. Viv yon lavi ki sanble avèk lavi womantik yo espike nan liv yo.

Wouj – red: Yon koulè ki menm koulè avèk pati nan san yon èt vivan

Wout - Street / Route : Chemen. Tras sou tè a moun kapab itilize pou yo ale kote yo bezwen ale. Nenpòt mwayen yon moun yon bèt itilize pou rive yon kote.

Wouze – Spray / Water: Lage/voye dlo sou yon bagay tankou lapli pou li kapab mouye. Kiltivatè wouze plantasyon yo pou ranplase travay lapli nòmalman fè pou jaden

Woy ! Gad Jezila ! - Espresyon sa a moutre jan moun nan sezi wè Jezila. Ayisyen itilize la anpil lè yo gen lontan yo pat wè yon moun epi yo sezi wè l / rankontre ak li.

Yè – Yesterday : Yon jou ki te deja pase men gen sèlman vennkat èdtan yon jou depi jou sa te pase. Yon jou ki pase anvan dènye jou a te pase.

Yo – They : Yon pwonon moun ki ap ekri ou byen moun ki ap pale itilize pou yo pale de aksyon plizyè lòt moun lè ni moun ki ap pale oubyen ki ap ekri a pa patisipe nan aksyon an.

Yon - A / An / One : Mo moun ki ap pale ou byen ekri mete devan lòt mo pou fè konnen yo ap pale de Yon nan gwoup bagay sa a. Yon.

Yon tablo – Picture / Paint / Board : Yon moso materyèl ki kole nan yon mi oubyen mi an menm ki prepare yon fason pou lakrè kapab ekri sou li. Yon desen ki fèt sou yon materyèl di tankou yon mi e desinatè a fè li avèk penti. Penti.

Zàm- Weapon : Yon bagay moun itilize pou atake oubyen pou defann tèt yo. Yon aparèy ki kapab touye moun.

Zanmi – Friend : Yon moun ki reprezante sous enfòmasyon avèk konsèy pou yon lòt moun. Yon zanmi rakonte zanmi li tout bèl move eksperyans nan lavi li. Yon moun yon lòt moun fè anpil konfyans e moun sa toujou toupre pou sipòte li nan bon e nan move moman.

Zansèt – Ancestor : Jenerasyon nan yon fanmi ki mouri depi lontan. Premye jenerasyon yo nan yon fanmiy yon peyi.

Zepòl – Shoulders : Pati nan kò moun kote de ponyèt yo pandye. Pati nan kò moun ki gen kou a nan mitan li. Kout ˜ Èd yon moun bay yon lòt.

Zonbi - zombie: Yon espri ki pote mesaj e ale fè nenpòt travay yon bòkò voye li fè. Zonbi kapab fè nenpòt bagay paske bòkò voye li fè paske li pa vizib. Yon moun ki sispann grandi twò bonè nan lavi.

Zoranj – Orange: Yon grenn yon pye bwa donnen e grenn sa tou won li gen plizyè tranch nannan avèk ji. Gen anpil varyete zoranj men de pi gran kategori yo se zoranj-si avèk zoranj dous. ˜ Dous Yon zoranj ki dous e moun itilize li pou fè ji ou byen pou manje lè yo fini retire po a. ˜ **Si**, Yon zoranj ki prèske gen asid menm jan avèk sitwon e moun itilize li pou lave vyann. ˜ **Sirèt**, Yon zoranj ki pa janm dous tankou sik, men li pa janm twò si tou. Ayisyen itilize li pou fè konfiti, tizàn e latriye. Peyizan ayisyen kwè zoranj sa bay moun apeti.

Zouti – tools : Bagay moun itilize pou ede li fè yon travay. Gen kèk travay moun pa kapab fè san zouti paske zouti a nesesè. Yon /youn nan liy sèvis yon pwogramè itilize pou li mete tout kòmand ki sanble avèk zouti moun ki ap itilize pwogram nan bezwen pou yo fè travay yo.

Zwazo - Bird: Yon bèt ki gen anpil plim sou prèske tout kò li, ki gen yon bèk avèk zèl li kapab itilize pou li vole. Gen zwazo ki piti anpil e gen zwazo ki gwo anpil. Zwazo pa pouse pitit yo tou vivan, men ponn ze epi yo kouve ze yo. Moun manje vyann, prèske, tout zwazo. Yon ekspresyon moun itilize pou di yon moun sanble avèk yon ti zwazo ki ap vole e nenpòt moun ki vle kapab tire sou li pou touye li. Yon inosan.

BONO GRATIS

Estimado Estudiante,

Necesitas descargar el Audio MP3 para aprovechar este increíble método. Favor visitar este enlace: http://aprendeis.com/audio-conversation/
Nombre de usuario "**creolece**"
Contraseña "**c-conversatione2020**"
Descarga el archivo comprimido (Zip) y alisto para iniciar tu aprendizaje. También puedes visitar esta página y buscar el enlace de descarga directo http://www.aprendeis.com

Si quieres compartir tu experiencia, comentario o cualquier pregunta, siempre puedes contactar en info@aprendeis.com *o visitando http://www.yeralogando.com*
Muchas Gracias por preferir *Aprenda Creol Haitiano Conversación* para tu aprendizaje y por compartir parte de tu tiempo conmigo a través de mis escritos.

Con Gratitud,
Dr. Yeral E. Ogando

Otros Libros escritos por Dr. Yeral E. Ogando

Aprenda Creol Haitiano, Volumen Uno Agosto   2015

Teach Yourself Italian Julio 2016

Ciencia Ficción:
El Héroe Dentro de Ti: Despertar Junio 2016
El Héroe Dentro de Ti: Poder Junio 2016

Dr. Yeral E. Ogando viene de humilde origines y continua su humildad como siervo del Señor Dios Todo Poderoso; entiendo que somos vasijas que el Señor llamó y nos envió a realizar Su obra, no nuestra obra. Lucas 17:10 "Así también vosotros, cuando hayáis hecho todo lo que os ha sido ordenado, decid: Siervos inútiles somos, pues lo que debíamos hacer, hicimos."

Dr. Ogando nació en el Caribe, Republica Dominicana. Es padre de tres hermosos hijos"Bennett, Ethan & Nathan" y de dos hermosas hijas "Yeiris & Tiffany"

Jesus lo llamó a servirle a los 16 para 17 años de edad. Ha servido como Co-pastor, pastor, Maestro de Escuela Bíblica, Consejero de jóvenes, plantador de iglesias y más.

Dr. Ogando domina varios idiomas y es el creador y fundador

del ministerio en línea de Traducción Cristiana desde el 2007; con traductores nativos en más de 50 países y 250 idiomas (www.christian-translation.com).

Ha obtenido varios títulos universitarios, entre los que están:
Maestría en Teología
Maestría en Idiomas
Doctorado en Teología

www.ingramcontent.com/pod-product-compliance
Lightning Source LLC
Chambersburg PA
CBHW030831090426
42737CB00009B/968